野﨑洋光

和食、これでよかったんだ！

和食はむずかしい、と思っていませんか？

これまで「和食はむずかしい」という声をたくさん聞いてきました。一番多いのが「だしはどうやってとればいいんですか？」ということ。でも考えてみてください。江戸時代には家にかまどが1つあればよかったほうです。わざわざだしをとっていたと思いますか？ とれませんよね。つまり、だしはなくても「和食」なんです。

和食は私たちの国の料理です。古くから私たちが日常的に作ってきた料理が、そんなにむずかしいわけがありませんよね？　私がこの本でご紹介するのは、小学3年生でも作れる料理です。だからぜひ、皆さんに作っていただきたいのです。そんな思いをこめて、本のタイトルを私がよく言う「和食、これでよかったんだ！」にしました。

ただ、料理店では「だし汁」は昔からとっていました。すぐに料理に使えるようにするためです。でもご家庭で昆布とかつお節でとるようになったのは、たかだか60年。国民的料理番組で、プロがだしのとり方をご紹介してからにすぎません。だから、素材からおいしいだしが出るときは、無理に使う必要はないんです。そう考えると、気がラクになりませんか？

では何をもって「和食」というのでしょうか。醤油や味噌で味つけするからでしょうか？ でもいまや、外国でも醤油を使いますね。大事なのは、「お箸で食べられる」ということです。たとえば牛肉のステーキ。洋食なら、焼いた牛肉をそのままナイフとフォークで切って食べますね。同じように焼いただけの牛肉でも、あらかじめ一口大に切り分けて、お箸でつまんで食べられるようにしてあれば、それは「和食」と言えるのです。鶏肉でも豚肉でも同じです。

いまの時代、何より大切なのは、ご家庭で料理すること。簡単でもいい。愛情をこめて作った料理を食べていれば、気持ちも落ち着くはずなんです。健全な身体に健全な心あり。楽しい食事で、楽しく日々をすごしましょう。

野﨑洋光

これ和食？ → 和食です

目次

和食はむずかしい、と思っていませんか？　2
この本の使い方　6

味を変える便利な作りおき　36
　　かつお節酒／玉味噌／合わせ薬味

第❶章　だし　いらなかったんだ！

「魚に塩」、と覚えてください。
鯛の1分煮魚　10
魚介のポトフ　12
いわしのトマト煮　13
失敗しないぶり大根　14
鮭じゃが　16
肉は火を入れすぎるとまずくなる。
肉だんごの煮もの　18
肉がおいしい肉じゃが　20
豚沢煮　21
白菜は部位ごとにおいしく使い分ける。
豚と白菜のあっさり蒸らし煮　23
ベーコンと白菜のサッと煮　24
あさりと白菜煮　24
塩鮭と豆腐の煮もの　25
炊き込みご飯の具は、炊き込まない。
鯛ご飯　26
じゃこチーズご飯　28
きのこご飯　29
味噌汁の〝だし〞は素材から出る。
定番の豚汁　30
●春夏秋冬の〝だしがいらない〞味噌汁
春　ふきと豚の味噌汁　32
　　キャベツと油揚げの味噌汁　32
夏　焼きなすとみょうがとトマトの味噌汁　33
　　トマトとレタスの味噌汁　33
秋　焼き鶏とセロリ、ねぎの味噌汁　34
　　焼き鮭ときのこの味噌汁　34
冬　納豆と山芋の味噌汁　35
　　さつま汁　35

第❷章　料理　これでよかったんだ！

まぐろは「赤身のさく」がいい。
まぐろでステーキ　40
まぐろ2色かけご飯　42
まぐろ織部ぬた　43
まぐろの生しょうゆ糀漬け　44
まぐろねぎまぶし　45
かつおの本当においしい食べ方、教えます。
かつおのフライ　46
フライパンでかつおのたたき　48
かつおのなまり節とかぶの煮もの　50
〈かつおのなまり節で一品〉
なまり節のきゅうり和え　51
かつおと豆腐のサッと煮　52
●刺身パックで贅沢炊き込みご飯
海鮮ご飯　53
和食の肉料理の定義、知っていますか？
パリパリ焼き鶏　54
鶏の照り焼き　56
80℃ゆで鶏　58
豚肉となすの韓国風　59
豚肉のしょうが焼き　60
豚肉のケチャップ煮　62
包丁で切らないほうがおいしい食材がある。
けんちん汁　64
〈豆腐でもう一品〉
くずし奴　65
たたききゅうりキムチ風　66
たたき長芋ご飯　67
ゆでずに作れる野菜のおひたし。
ブロッコリーのおひたし　68

小松菜とじゃこのおひたし　69
チンゲン菜のおひたし　69
ごぼうだけの地味なきんぴら。
切り方が違うきんぴらごぼう3種　70
豆乳とトマトジュースは〝だし〟です。
赤おでん　72
白おでん　72
赤つけ麺　74
豆乳ラーメン　75
缶詰は下味のついた便利な食材です。
牛肉大和煮缶でハヤシライス　77
ツナ缶で簡単きゅうりの副菜　78
帆立缶とかぶの小鍋　79

便利グッズ、使えばよかったんだ！　80
調理道具、これだけは必要です　82

第❹章 お弁当 かんたんだったんだ！

きほんのおにぎり弁当　98
一日がラクになるご飯の使い分け　100
野﨑さんのおにぎり講座　102
豚のしょうが焼き弁当　104
鶏の照り焼き弁当　105
あったかスープジャー弁当　106
◉お弁当にも便利、香り野菜の醤油漬け
大葉の醤油漬け　107

最後にもう一度、大切なことをおさらいしましょう　108
本当の贅沢って何でしょう？　110

第❸章 食べ方 こうすればよかったんだ！

刺身は温かいご飯で食べるのがおいしい。　84
天ぷらは、おかずにするなら塩より醤油で。　85
ステーキには、わさびよりもしょうがが合うんです。
和風ステーキ しょうが醤油添え　86
僕の最高のごちそうは、とろとろの目玉焼き！
とろとろ目玉焼きご飯　88
◉卵を使ってもう2品
100円卵どんぶり　90
巻かないほうれん草の玉子焼き　91
寄せ鍋は3回に分けて食べる。
寄せ鍋　92
すき焼きも3回に分けて食べる！
すき焼き　94
のびても気にならない蕎麦の食べ方。
そば稲荷　96

この本の使い方

この本では、野﨑さんの技やコツ、考え方を料理の解説や作り方、アドバイスなどを通してお伝えしています。きちんとおいしく作るために、まずは忠実に作ってみて、2回目からは味つけや火加減、加熱時間などを加減してご自身の味をみつけてください。

でき上がり写真

料理の盛り付け例です。でき上がりの焼き色や質感など、写真の状態を目指しましょう。料理を盛るときは、温かい料理は器も温めておくとよりおいしく味わえます。

材料表

料理を作るために揃える材料で、下準備となる切り方も併記しています。肉はとくにただし書きがなければ「薄切り肉」です。

作り方とアドバイス

料理を作る手順を記し、ポイントには茶色の下線を引いています。また茶色で作り方に書かれていない大切なことやアドバイスなどを記しています。ぜひお役立てください。

まぐろは「赤身のさく」がいい。

まぐろでステーキ

皆さん、まぐろの赤身は、バターや油と合わせると良質な赤身肉のような味わいになること、知っていましたか？　ここでは料理名の通り、まぐろが牛肉のステーキのようになる料理をご紹介します。中まで火が入りすぎないように、かたまりのまま焼いて途中で取り出すのがポイントで、余熱でレアに仕上げます。まぐろの旨みとしっとりした舌ざわりを、ぜひ味わってください。

材料(2人分)
まぐろ赤身(刺身用さく)…200g
にんにく(薄切り)…1かけ分
バター…30g
酒…50mℓ
醤油…15mℓ
大葉(せん切り)…5枚分
塩…適量
小麦粉…少量
サラダ油…大さじ1
添え野菜(クレソン・ベビーリーフ)…各適量

野﨑さんの知恵袋

まぐろの赤身はカロリーが低く、良質なたんぱく質が豊富に含まれています。スーパーでも手に入りやすく、とくに「さく」は価格が手ごろで使い勝手がよくおすすめです。

1 まぐろ赤身は全面に塩をふって20〜30分おく。水洗いしてペーパータオルで水気を拭き、刷毛で小麦粉をうすくまぶす。
●刷毛を使うと余分な粉が払えて、しつこくなりません。刷毛はシリコン製を使うと洗うのがラク。

2 フライパンにサラダ油とにんにくを入れて火にかける。香りが出たら1のまぐろを入れる。
●ここではまぐろの表面にだけサッと火を入れるため、熱した油に入れます。

3 全面にうっすら焼き色がついたらペーパータオルで油を拭き取る。
●フライパンをペーパータオルで拭くことで、油くさみ、汚れなどが取れてすっきりした味に仕上がります。

4 バターを加え、半分くらい溶けたら酒を入れて沸かし、醤油も加える。
●バターが溶けきる前に酒を加えることで、焦げませんし、バターのいい風味も残ります。

5 ひと煮立ちしたらまぐろを取り出し、大葉を加えてソースを煮詰める。とろみがついて、色が濃くなってくる。
●まぐろを焼き続けると食感がパサついておいしくありません。いったん取り出して余熱で中まで火を入れます。

6 5のまぐろを戻し、全体にソースをからませる。切り分けて皿に盛り、ソースをかけ、添え野菜を盛る。
●まぐろは余熱で中まで火が通っているので、仕上げに周りに味をからませるだけでいいですよ。

料理名と解説

料理のおいしさ、作るときのコツなどを野﨑さんの言葉でお伝えします。

野﨑さんの知恵袋

作り方では書き尽くせなかった深いコツや、バリエーションが広がるアイデアなどをまとめてご紹介しています。

この本の決まりごと

◆ 小さじ1＝5mℓ、大さじ1＝15mℓ、1合＝180mℓ、1カップ＝200mℓです。
◆ とくにただし書きがなければ、砂糖は上白糖、塩はさらさらの自然塩、酢は穀物酢、醤油は濃口醤油、味噌は長期熟成の田舎味噌、酒は清酒、みりんは本みりん、卵はM玉を使っています。
◆ 電子レンジは600Wを基準にしています。

第1章

だし　いらなかったんだ！

和食というと〝だしが命〟と思われていますよね。料理店の世界では、それが正解です。でもご家庭で昆布とかつお節で〝だし汁〟をとるようになったのは、ここ60年ぐらいのことだって、知っていましたか？

　料理店の料理は、いわばハレの料理です。それと毎日食べる家庭料理を同じにしてはいけないのに、どうも料理店のほうが〝おいしい〟とか〝上〟と思われています。

　現代人は、強い旨みに慣れすぎたようで、「だしがきいてる」ことが誉め言葉のようになっています。が、だしの旨みが強すぎることで、素材の旨みが消えてしまうこともあります。和食の本質は〝淡味〟のおいしさです。食材はそれぞれの旨み、つまりだしを持っています。それを生かせば、だし汁をわざわざとらなくても、水と素材から出るだしで充分おいしいんですね。皆さん、「素材の力」を信じてください。素材には旨みがあるんです。それでも足りなければ煮干しや昆布、かつお節などを使えばいいんです。

　でも素材の旨みを存分に生かすには、ちょっとした手間をかけてください。プロではなくご家庭だからこそ、ひと手間かけてほしいのです。一つは素材に下味をつけること。とくに魚には必ず塩をふって、おいておきます。もう一つは、素材を湯通しして汚れを落とすこと。この2つを行っていただくだけで料理店に負けない味になりますよ。

ポイント ❶

素材に〝味の道〟を作る

塩をふると、魚の余分な水分や臭みが出て旨みが凝縮し、ほんの軽い下味がつきます。それ以上に大切なのは、塩が魚に入っていくときに小さな穴があくこと。煮魚にしたときに、穴を通って煮汁が魚にじわじわとしみ込み、その代わりに魚の旨みが煮汁に出るので、水だけで煮てもおいしくなります。これを私は〝味の道〟を作ると呼んでいます。

ポイント ❷

食材は湯通しして汚れを落とす

皆さん、お風呂に入ると汚れが落ちてすっきりと気持ちよくなりますね。食材も同じです。魚も肉も、野菜もそうです。軽く湯通しして表面のアクや汚れを落とすと、煮ても炒めてもすっきりときれいな味に仕上がります。魚や肉はたんぱく質に火が入ってうっすら白くなるので、霜が降りた様子に見立てて〝霜降り〟といいます。この本でもよく出てくる言葉です。

「魚に塩」、と覚えてください。

鯛の1分煮魚

水と醤油で〝淡味〟のおいしい煮魚を作るときの、一番の基本となる料理です。鯛に塩をし、湯通し（霜降り）し、水から煮る。この段取りを覚えてください。魚はとくに、火を入れすぎるとまずくなる。かたくなって食感がボソボソする。だから、煮汁が沸いたら火を弱めて、煮る時間はそこから1分。これができるのも、スーパーで新鮮な魚が手に入る時代だからですよ。

材料(2人分)
鯛(切り身。さわら、ひらめなどでも)
　　… 40g×4切れ
しいたけ … 4個
長ねぎ(5cm長さ)…4切れ
絹ごし豆腐 … ¼丁
煮汁 [15：1：0.5]
　水 … 300㎖
　うす口醤油 … 20㎖
　酒 … 10㎖
塩 … 適量
絹さや(筋を取ってゆでる)… 4枚

野﨑さんの知恵袋

この料理は、魚だけでなく野菜や豆腐、しいたけを一緒に煮ることにもポイントがあります。動物性のイノシン酸と植物性のグルタミン酸、グアニル酸が旨みの相乗効果を発揮して1＋1＝2以上の旨みになるから、いっそうおいしくなるんです。

1 鯛は両面に塩をふり、20分おく。
○塩は洗い流すので、分量は適量でかまいません。細かいさらさらの塩をまんべんなくふってください。

2 しいたけは軸を取り、長ねぎは側面に数か所、斜めに切り目を入れ、豆腐は半分に切る。
○長ねぎは切り目を入れるひと手間で、食べたときに簡単に噛み切ることができます。

3 2のしいたけと長ねぎを熱湯に20秒ほど通し、引き上げて水にとる。同じ湯に1の鯛をくぐらせて霜降りにする。
○湯に浸けても、すぐに素材の旨みは逃げませんから、安心してください。

4 水にとって、水気を拭く。
○魚にはウロコや汚れが残っていることがあります。指でなでて落としましょう。

5 鍋に煮汁、4の鯛、しいたけ、長ねぎ、2の豆腐を入れて中火にかける。
○冷たい状態からじわじわと火を入れることで、魚から旨みが出て、煮汁もしみ込んでいきます。沸いたときには、魚にほぼ火が通っています。

6 沸騰したら火を弱めて1分ほど煮て、長ねぎが柔らかくなったら器に盛る。絹さやを添える。
○煮汁が余ったら、うどんやそばのつゆに使ってください。素材の旨みが出ていて、おいしいですよ。

11

魚介のポトフ

「鯛の1分煮魚」(→p.10)と同じ方法で、複数の魚介を煮たスープ仕立て。スープの味は、素材の旨みと醤油だけ。短時間でできるので、朝作ってスープジャー弁当にしても(→p.106)。魚介は全部揃えなくても、刺身パックを活用してもおいしく作れます。

材料(2人分)
鯛(切り身。ぶり、さわらなどでも)
　　…30g×4切れ
殻つきあさり(砂抜きしたもの)…200g
帆立貝柱…2個
海老(殻をむいたもの)…2尾
小松菜(3cm長さ)…1株分
煮汁 [15：1：0.5]
　水…300㎖
　うす口醤油…20㎖
　酒…10㎖
塩…適量
粗びき黒こしょう…適量

1 鯛は全体に塩をふって20分おく。熱湯にサッとくぐらせて霜降りにし、水にとって水気をきる。同じ湯で、帆立と海老も同様にする(a)。あさりは水の中で殻をこすりつけて洗い、水気をきる。

2 鍋に1、小松菜、煮汁を入れて火にかける(b)。

3 あさりの口が開いたら、煮終わり。器に盛り、お好みで黒こしょうをふる。

a 魚介がうっすら白くなる程度に湯に通す。その姿から霜降りという。

b 冷たい煮汁から火にかけることで魚介と煮汁の味の行き来ができ、煮汁もおいしくなる。

いわしのトマト煮

トマトは旨みが強く、酸味もあって使い勝手のよい食材。ここでは便利なトマトジュースを使い、相性のよいいわしを煮ます。コツは火を入れすぎないこと。柔らかく口の中に広がるいわしの旨みを堪能できます。おいしい煮汁に浸して召し上がってください。

材料(2人分)
いわし … 4尾
長ねぎ(5cm長さ) … 4切れ
しいたけ(軸を取る) … 2個
しょうが(薄切り) … 小1かけ分
煮汁 [15：1：1]
　トマトジュース(無塩) … 150mℓ
　水 … 150mℓ
　醤油 … 20mℓ
　酢 … 20mℓ
絹さや(筋を取ってゆでる) … 4枚
●トマトジュースは旨みが濃いので同量の水で薄めます。煮汁の割合はこの薄めた分量で出します。

1 いわしは頭を落とし、腹わたを取り除いて水できれいに洗う。

2 長ねぎは側面に数か所、斜めに切り目を入れる。しいたけと一緒に熱湯にサッとくぐらせ、水気をきる。

3 同じ湯に水を足して70℃くらいにし、1のいわしをくぐらせて霜降りにする(a)。水にとって汚れを洗い、水気を拭く。

4 フライパンに3のいわしを並べ、2、しょうが、煮汁の材料を入れて紙蓋をし(b)、火にかける。沸いたら火を弱めて4〜5分ほど煮て、煮汁ごと器に盛る。絹さやを添える。

a 湯温が高いと、いわしの美しい皮がはじけてはがれるので、70℃くらいで霜降りにする。

b 表面が乾かないように、クッキングシートをかぶせて煮る。

失敗しないぶり大根

ぶり大根というと、昔はアラを使ってじっくり煮たものですが、いまは切り身を使って短時間で作る時代。ぶりの身はちょうどよく火が入ると口の中でほぐれておいしいものですが、煮すぎるとボソッとしておいしくありません。途中で取り出し、仕上げに煮汁をからませると必ずおいしく作れます。

材料(2人分)
ぶり(切り身)…40g×4切れ
大根(皮をむいて)…200g
煮汁 [5：3：1]
　みりん…150mℓ
　酒…90mℓ
　醤油…30mℓ
しょうが(薄切り)…1かけ分
長ねぎの白い部分
　(2.5cm長さ)…1本分
塩…適量
絹さや(筋を取ってゆでる)…4枚

野﨑さんの知恵袋

ぶりも大根も厚みが1cmほどなので、フライパンで煮ることができます。フライパンは表面積が広く、少ない煮汁で短時間で煮ることができるから、おいしく仕上がるんですよ。ただし、煮汁にみりんと酒を多く使っているので、フライパンの中に火が上がることがあります。注意してください。心配なら深めのフライパンを使うと安心です。

1 大根は1cm厚さの輪切りにする。鍋に入れ、かぶるくらいの水で柔らかく下ゆでする。長ねぎは白髪ねぎにする。
◦大根は火が通りにくい素材ですが、薄く切れば短時間で下ゆでができますよ。

2 ぶりは両面に塩をふり、20分おく。熱湯にサッとくぐらせて霜降りにし、水にとる。
◦塩をふっておくことで、"味の道"を作ります。

3 フライパンに1の大根、2のぶり、ねぎの青い部分、煮汁の材料を入れて火にかける。
◦冷たい煮汁から火にかけることで、"味の道"ができた魚と煮汁の味の行き来ができます。

4 沸騰したら2分ほど煮て、ぶりとねぎの青い部分を取り出す。
◦魚の切り身は5分以上煮続けるとまずくなるので、いったん取り出して余熱で火を入れます。

5 煮汁を煮詰め、泡が大きくなって照りが出てきたらぶりを戻し、しょうがを加える。
◦しょうがは煮すぎると苦みが出るので、仕上げ直前に加えて香りを生かします。

6 ときどき煮汁をかけながら、サッとからませる。器に盛り、1の白髪ねぎと絹さやを添える。
◦ぶりには余熱で中まで火が入っています。煮汁をからませるだけにして、煮すぎないように。

15

鮭じゃが

ちょっと目先を変えて、肉じゃがの牛肉を鮭に応用した煮ものです。生鮭に塩をふって20〜30分おいて作ってもいいのですが、甘塩鮭を使えばもっと簡単です。鮭の旨みがちょっと甘めの煮汁によく合い、食べごたえもあって、肉じゃがとは全く違うおいしさになります。ほかの魚で作ってもいいですし、鶏もも肉で鶏じゃが、豚肉で豚じゃがなど、お好みでアレンジできますよ。

材料(4人分)
甘塩鮭(切り身)… 20g×12切れ
じゃがいも(一口大)… 250g
にんじん(一口大)… 100g
玉ねぎ … 150g
しらたき(食べやすい長さ)… 100g
煮汁 [8：1：1]
 水 … 400ml
 うす口醤油 … 50ml
 みりん … 50ml
 砂糖 … 大さじ2
 昆布 … 5cm角×1枚
粗びき黒こしょう … 適量
しょうが(せん切り)… 1かけ分
いんげん(4cm長さに切る)… 4本分

野﨑さんの知恵袋

朝ごはんやお弁当に塩鮭を焼くとき、少し多めに焼いて冷凍しておくと便利です。鮭以外でも、魚の切り身が残ったら両面に塩をして20分ほどおいてから焼いて冷凍しておくと、「鮭じゃが」のような煮ものや粕汁にすぐに使えますよ。煮汁の調味料は、はじめから全部一緒に入れてください。「さしすせそ」でなくてかまいません。入れる順番で味のしみ方が変わるほど、長時間煮ませんから。

1 甘塩鮭は表面を水洗いし、水気を拭き、グリルでこんがりと焼く。
◉ 甘塩鮭の代わりに、生鮭に塩をふって20〜30分おいてもかまいません。ほかの魚で作るときも同様にします。

2 玉ねぎは縦半分に切り、次に横半分に切る。外側を3つに切り(上写真)、その内側も同じ幅に切る。こうやって同じ幅に切り揃える。
◉ 素材を同じ大きさに切ることで、むらなく火が入ります。

3 いんげんを熱湯でゆで、取り出す。同じ湯にじゃがいも、にんじん、玉ねぎ、しらたきを入れてサッとゆで、ざるに上げる。
◉ いんげんは仕上げの青みに使うので、別にとっておきます。

4 鍋に煮汁の材料、1の鮭、3のじゃがいも、にんじん、玉ねぎ、しらたきを入れて中火にかける。
◉ 冷たい煮汁からゆっくりと煮ることで、素材から旨みが出ておいしくなります。

5 煮立ったらいったん鮭だけを取り出す。弱火にして蓋をし、煮汁が半分くらいになるまで煮る。
◉ 根菜は柔らかくなるのに時間がかかるので、鮭に火が入りすぎないよう、いったん取り出します。

6 じゃがいもに火が通ったら鮭を戻し入れ、全体になじませ、器に盛る。仕上げに黒こしょうをふり、3のいんげんを散らし、しょうがを添える。
◉ 根菜が柔らかく煮えたら、鮭を戻します。黒こしょうをふると食べ口がすっきりします。

肉は火を入れすぎるとまずくなる。

肉だんごの煮もの

たっぷりの煮汁と一緒に味わう、和風の肉の煮ものです。肉というのは、100％それだけでだんごにするとかたくなって、意外にも肉らしさが感じられません。ハンバーグの玉ねぎのように、少し別のものを混ぜて肉の比率を下げたほうがおいしいものです。ここではすりおろしたれんこんを混ぜ、でんぷんでしっとりなめらかな口当たりにしています。

材料(2人分)
鶏だんご
　鶏ひき肉 … 150g
　れんこん(すりおろし。
　　軽く水気を絞る) … 80g
　長ねぎ(粗みじん切り) … ½本分
　うす口醤油 … 大さじ1
　片栗粉 … 大さじ1〜2
　粉さんしょう … 少量
かぶ(葉つき) … 1個
しいたけ(軸を取る) … 2個
長ねぎ(5cm長さ) … 4切れ
煮汁
　水 … 500ml
　うす口醤油 … 30ml
　酒 … 15ml
柚子皮(せん切り) … 少量

野﨑さんの知恵袋

仕上げに季節のものを天に盛ると、ぐっと上品になります。冬は柚子皮、春なら木の芽、夏はしょうがやみょうが、秋は青柚子などをどうぞ。柚子皮は包丁でへいで冷凍しておくと、すぐに使えて便利です。

1 ボウルに鶏だんごの材料をすべて入れ、よく混ぜ合わせる。
● れんこんの水分によって、片栗粉の分量は加減してください。片栗粉は小麦粉で代用できます。

2 かぶは茎を3cm残して葉を切り、実は皮をむいて4等分に切る。葉は4cm長さに切り、長ねぎは側面に斜めに切り目を入れる。これらとしいたけをサッと湯通しする。
● 野菜も湯通しすることでえぐみが落ち、すっきりとした煮ものに仕上がります。

3 鍋に煮汁の材料を入れ、1のたねを丸くとる。
● たねは柔らかいので軽くにぎり、親指と人さし指を丸くして、その間から丸く出し、スプーンですくうとよいでしょう。

4 冷たい煮汁に3を静かに入れる。
● 肉だんごは、冷たい煮汁に入れて火にかけると、煮汁にも適度に旨みが出ておいしくなるので、一緒に召し上がってください。煮汁に入れるときは、煮崩れに注意して、やさしく入れてください。

5 2のかぶの実と長ねぎ、しいたけを加えて中火にかける。
● 肉は40〜60℃の温度帯をゆっくり通過すると旨みが増すので、水からじわじわ温度を上げていきます。

6 煮立ってきたらアクをすくい取り、かぶの葉を入れ、鶏だんごに火が通ったら器に盛り、柚子皮を添える。
● 肉だんごは冷たい煮汁から加熱するので、煮汁が沸騰するころには、ほとんど火が入っています。

肉がおいしい肉じゃが

誰もが知っている定番おかずですが、ちゃんと肉の味がする肉じゃが、食べたことはありますか？ おいしく作るポイントは一つ。根菜などを柔らかく煮てから、煮上がり直前に霜降りにした肉を入れてなじませること。肉を煮続けないこと、これだけです。

材料(4人分)
豚ばら肉(5cm長さ)… 150g
じゃがいも(一口大)… 250g
にんじん(一口大)… 100g
玉ねぎ(3cm幅のくし形切り)… 150g
しらたき(食べやすい長さ)
　… 1/2袋分
いんげん(4cm長さ)… 4本分
煮汁 [8：1：1]
　水 … 400mℓ
　うす口醤油 … 50mℓ
　みりん … 50mℓ
　砂糖 … 大さじ3
　昆布 … 5cm角×1枚

1 いんげんは熱湯でゆで、取り出す。じゃがいも、にんじん、玉ねぎ、しらたきをざるに入れ、同じ湯でサッとゆで、水気をきる。続いて豚肉を湯にくぐらせて霜降りにし(a)、水にとって水気をきる。

2 鍋に煮汁の材料を入れ、**1**のじゃがいも、にんじん、玉ねぎ、しらたきを入れて中火にかけ、煮立ったら弱火にして落とし蓋をする。

3 じゃがいもが煮えたら豚肉を加え(b)、ひと煮立ちしてから2〜3分煮てなじませる。器に盛り、いんげんを散らす。

a 肉は湯に通してアクや汚れを落としておく。これが大事。

b 豚肉は仕上げに加えて煮すぎないこと。肉が柔らかく、味わい豊かな肉じゃがになる。

豚沢煮

沢煮とは「たくさん(沢山)の種類の野菜を使う煮もの」という意味。色、味、食感の違う野菜を細切りにして彩り豊かな煮ものにします。肉は大ぶりに切って食べごたえを出し、青みのピーマンと三つ葉は仕上げに加えてシャキシャキ感を生かすとメリハリがつきます。

材料(2人分)
豚ばら肉(8cm長さ) … 150g
ゆでたけのこ … 50g
ごぼう(たわしで洗う) … 50g
にんじん(皮をむいて) … 30g
ピーマン(せん切り) … 25g
三つ葉(ざく切り) … 1/4束分
長ねぎ … 1/2本
煮汁 [15：1：0.5]
　水 … 300mℓ
　うす口醤油 … 20mℓ
　酒 … 10mℓ
粗びき黒こしょう … 少量

1 たけのこ、ごぼう、にんじんは4cm長さのせん切りに、長ねぎは4cm長さの白髪ねぎにする(a)。

2 1のたけのこ、ごぼう、にんじんは熱湯で歯ごたえが残る程度にゆで、水気をきる。同じ湯に豚肉をくぐらせて霜降りにして水にとり、水気をきる。

3 鍋に煮汁の材料を入れて火にかけ、ひと煮立ちしたら2のたけのこ、ごぼう、にんじんを入れ、野菜がしんなりしてきたら豚肉を加えて煮る。

4 ピーマンと三つ葉を加える。器に盛り、1の白髪ねぎを盛り、黒こしょうをふる。

a　6種類の野菜を切り揃えて使い、火の通りにくいものから順に煮る。

白菜は部位ごとにおいしく使い分ける。

白菜は、大きな巻きの中にさまざまな顔を持っています。緑色の葉と白い軸。葉は日光に当たる外側は緑色が濃く、しっかりしていて食感はシャキシャキ。日が当たらない巻きの中心に行くにつれて黄色が強く、柔らかく、甘くなります。白い軸は繊維が強く、縦に走っています。それらの特徴を生かした4つの使い方をご紹介しましょう。

白菜4変化

外側の葉

1 外側の葉はシャキシャキ感を生かし、少量の煮汁でしっかり蒸し煮に

中心の葉

2 中心の黄色い葉は、柔らかさと甘みを生かしてサッと煮に

白い軸（細切り）

3 白い軸は繊維に沿って縦に細切りにするとシャキッとした食感になる。さっぱりとした煮ものに

白い軸（そぎ切り）

4 白い軸はそぎ切りにして繊維を断ち切ると、食感が少し柔らかくなる。焼いてから煮ものに

豚と白菜のあっさり蒸らし煮

白菜の外側の緑色の葉はシャキシャキと歯ごたえがよく、子どものころに好きでした。具に対して煮汁が少ないと思われるかもしれませんが、白菜は火が入ると水分が出てくるので心配ありません。ご飯にのせて食べるとおいしいので、ぜひ常備菜にしてください。

材料(2人分)
白菜の葉(手でちぎる)… 100g
豚ばら肉(8cm長さ)… 150g
しらたき(7cm長さ)… 120g
長ねぎ(斜め切り)… 1本分
しめじ(ほぐす)… 60g
煮汁 [5:1:0.5]
　水 … 150ml
　醤油 … 30ml
　酒 … 15ml
粗びき黒こしょう … 適量

1 ざるに長ねぎとしめじを入れ、熱湯にサッとくぐらせ、水気をきる。しらたきも同様にする。

2 同じ湯に豚肉をくぐらせて霜降りにし、水にとって水気をきる。

3 鍋に煮汁の材料を合わせ、2の豚肉、白菜の葉、1のしらたきを入れて蓋をし、弱めの中火で蒸し煮にする(a)。長ねぎとしめじも加え、サッと煮る。器に盛り、お好みで黒こしょうをふる。

a 白菜の葉は、蓋をしてじっくりと蒸し煮にすると、柔らかくなって水分が出てくる。

ベーコンと白菜のサッと煮

白菜の巻きの中心は食感がとても柔らかく、その甘みとベーコンの旨みたっぷりのポトフ風煮ものは、ご飯にもよく合います。

材料(2人分)
白菜の中心の葉 … 100g
ベーコン(薄切り。半分に切る) … 100g
しいたけ(軸を取る) … 4個
煮汁
　水 … 500mℓ
　うす口醤油 … 15mℓ
　酒 … 15mℓ
　昆布 … 5cm角×1枚
粗びき黒こしょう … 少量

1　白菜の中心の葉は5cm長さに切る。

2　しいたけは熱湯にサッとくぐらせて水気をきる。

3　鍋に煮汁の材料、1、2を入れて中火にかけ、沸騰したら弱火にして5分煮る。うす口醤油と酒で味をととのえ、ベーコンを加えて火が通ったら器に盛る。黒こしょうをふる。

あさりと白菜煮

白菜の軸は、繊維に沿って切るとシャキシャキ感が強調され、食感のアクセントに。あさりの旨みを含ませて、汁もの感覚で召し上がってください。

材料(2人分)
白菜の軸 … 130g
殻つきあさり … 200g
長ねぎ(4cm長さ) … 2切れ
にんにく(薄切り) … 1かけ分
にら(5cm長さ) … 2本分
煮汁 [30：1.5：1]
　水 … 300mℓ
　うす口醤油 … 15mℓ
　酒 … 10mℓ
粗びき黒こしょう … 少量

1　白菜の軸を繊維に沿って長さ4cm×幅1cmに切る。長ねぎの側面に斜めに切り目を入れる。

2　あさりは水の中で殻をこすり洗いし、水気をきる。

3　鍋に煮汁の材料、1、2、にんにくを入れて蓋をして火にかけ、沸騰してあさりの口が開いたら黒こしょうをふり、にらも加え、ひと混ぜしたら器に盛る。

塩鮭と豆腐の煮もの

白菜の軸は、そぎ切りにして繊維を断ち切ると食感が柔らかくなります。水分が多く、強い味もありませんが、焼くと縮んで旨みが10倍近く凝縮し、焼き目も旨みになって味に奥行きが出ます。鮭の旨みとの相乗効果で、旨みたっぷりのおかず煮ものになりますよ。

材料(2人分)
白菜の軸 … 2枚分
甘塩鮭(一口大) … 150g
豆腐(半分に切る) … 1/4丁分
長ねぎの青い部分(4cm長さ) … 4切れ
煮汁 [25:1:0.5]
　水 … 500ml
　うす口醤油 … 20〜25ml
　酒 … 10ml
　昆布 … 適量
粗びき黒こしょう … 適量
● 生鮭を使うときは、両面に塩をふって30分おいてください。

1 白菜の軸はそぎ切りにし、グリルで焼き目がつくまで<u>両面を焼く</u>(a)。

2 塩鮭は熱湯にくぐらせて霜降りにし、水にとって水気を拭く。

3 鍋に煮汁の材料を入れ、**1**の白菜、**2**の鮭、長ねぎ、豆腐を入れて中火にかける。<u>沸騰したら火を弱め、1分煮る</u>。器に盛り、仕上げに黒こしょうをふる。

a 白菜はグリルで焼くと驚くほど味が出てくる。焼いて冷凍ストックしておくことも可能。

炊き込みご飯の具は、炊き込まない。

鯛ご飯

炊き込みご飯というと、最初から具とお米を一緒に炊いて、一体化したおいしさを味わうことが多いですね。でもちょっとひと工夫して具を入れるタイミングを変えると、具の味が強く感じられ、食感もよい状態でいただけます。スーパーで売られている鯛は鮮度がよいので、5分で火が入ります。炊き上がり5分前に入れて、蒸らして仕上げましょう。同じ方法で、ほかの魚でも作れますよ。

材料(2人分)
米 … 2合(300g)
炊き地 [10：1：1]
| 水 … 300mℓ
| うす口醤油 … 30mℓ
| 酒 … 30mℓ
鯛(皮なしでもOK) … 150g
塩 … 適量
三つ葉(3cm長さのざく切り) … 1束分

野﨑さんの知恵袋

味わいにちょっと変化をつけるなら、「焼き鯛仕立て」もおすすめです。作り方2で水気を拭いたあと、グリルで焼き目がつくまで香ばしく焼き、炊き上がりに三つ葉とともにご飯にのせて蒸らします。鯛以外にもぶり、いわし、鮭など、白身でも青魚でもおいしいです。

1 米は洗って15分水に浸け、ざるに上げて15分おく。
● 米は吸水させ、水気をきって冷蔵庫に入れておけば、翌日使っても大丈夫です。

2 鯛は一口大のそぎ切りにし、塩をふって20分おき、水洗いして水気を拭く。
● 下味をつけることで、味のついたご飯となじみます。

3 土鍋に1の米、炊き地の材料を入れて蓋をし、強火にかける。沸騰したら全体を混ぜ、蓋をして火を弱め7分加熱する。
● 炊き地が噴き出さないよう、折りたたんだアルミ箔を蓋の下に挟み、すかしておくとよいでしょう。

4 表面に水分がなくなったら、さらに火を弱めて7分炊く。2の鯛をご飯の上に並べて蓋をし、ごく弱火にしてさらに5分炊く。
● 炊飯器の場合は、早炊きモードで炊きます。なければ普通モードでかまいません。

5 炊き上がったら三つ葉を散らして蓋をし、5分蒸らす。
● 途中で蓋が開けられない炊飯器で作る場合は、炊き上がってから三つ葉と一緒に鯛を並べます。

6 全体をサックリと混ぜ、茶碗に盛る。
● 鯛を半分ほど取り出して全体を混ぜ、茶碗に盛るときに取り出した鯛をのせるとよいでしょう。

じゃこチーズご飯

カルシウムたっぷりの具を混ぜたこのおかずご飯があれば、具だくさんの汁ものを添えるだけで立派な食事になります。ちりめんじゃこの代わりに、焼いたあじの干物や塩鮭、残った刺身を塩焼きにして冷凍ストックしておけば、同様に使って簡単に一品作れます。

材料（2～3人分）
米 … 2合（300g）
炊き地 [10：1：1]
　水 … 300mℓ
　うす口醤油 … 30mℓ
　酒 … 30mℓ
にんにく（みじん切り）… 2かけ分
ちりめんじゃこ … 40g
スライスチーズ（溶けるタイプ）… 3枚
あさつき（小口切り）… 10本分

1 米は洗って15分水に浸け、ざるに上げて15分おく。

2 炊飯器に米と炊き地の材料、にんにくを入れ、早炊きモード（なければ普通モード）で炊く。

3 炊き上がる5分前にちりめんじゃこを全体にのせ、スライスチーズを並べる(a)。あさつきをたっぷりと散らす。炊き上がったら5分蒸らし、全体を混ぜる(b)。

● 途中で蓋が開かない炊飯器の場合は、炊き上がってから具をのせて5分蒸らします。

a ご飯の熱でチーズを溶かす。にんにくはお好みで加減するか、入れなくてもOK。

b 柔らかくなったちりめんじゃこ、チーズ、あさつきを素早く混ぜる。

きのこご飯

きのこの煮汁でご飯を炊き、仕上げに具を混ぜた、きのこを存分に味わう一品です。きのこは湯通しするとすっきりした味になります。とくに天然きのこには菌があるので必ず湯通しを。松茸だけは、ご飯の炊き上がりに生を散らして蒸らすのがおいしいです。

材料(2人分)
米 … 2合(300g)
炊き地 [10：1：1]
　水 … 300mℓ
　うす口醤油 … 30mℓ
　酒 … 30mℓ
しいたけ(薄切り) … 2個分
えのき(3cm長さ) … 1/2袋分
しめじ(石づきを取る) … 50g
まいたけ(ほぐす) … 50g
三つ葉(3cm長さのざく切り)
　… 5本分
柚子皮(せん切り) … 適量

1 米は洗って15分水に浸け、ざるに上げて15分おく。

2 きのこ4種をざるに入れ、熱湯に30秒通し、水気をきる。別の鍋に炊き地の材料ときのこを入れてひと煮立ちさせ、ざるできのこ類と煮汁に分ける(a)。

3 炊飯器に米と2の煮汁を入れ、早炊きモード(なければ普通モード)で炊く。

4 炊き上がったら2のきのこ類をのせ(b)、三つ葉も散らし、5分蒸らす。全体を混ぜる。茶碗によそい、柚子皮を天に盛る。

a 米の炊き地にきのこの香りと旨みを移すことで、具のきのことご飯の味がなじんでよりおいしい。

b きのこには火が通っているので、仕上げに蒸らすことで旨みと食感が生きる。

味噌汁の"だし"は素材から出る。

定番の豚汁

家庭料理でだし汁を使う機会が一番多いのが、味噌汁に代表される汁ものではないでしょうか？でも味噌汁こそだし汁は不要です。具から旨みが出ますし、何よりも味噌で旨みを足すことができるからです。たとえばインド料理。だしがなくても味つけが塩だけでもカレーはおいしいですよね。味噌には塩の200倍の旨みがあるんですよ。素材の味が渾然一体となった豚汁はその代表格です。

材料(2〜3人分)
豚ばら肉(3cm長さ)…60g
大根(1cm幅のいちょう切り)…100g
にんじん(1cm幅のいちょう切り)…30g
里芋(一口大)…100g
しいたけ(4つ割り)…3個分
こんにゃく(スプーンでちぎる)…70g
ごぼう(たわしで洗って3mm幅の
　小口切り)…30g
長ねぎ(1cm幅の小口切り)…¼本分
水…1ℓ
味噌…80g

野﨑さんの知恵袋

豚汁を作るときは一般に、豚肉を油で炒めて旨みを引き出しますが、ここでご紹介した方法で作ると豚に旨みが残るから、肉のおいしさが存分に味わえます。それでも旨みが足りないと思ったら、煮干しを加えてください。2人分に2〜3本、頭を取って半分に割り、腹わたを取り除いて一緒に煮ます。そのまま具として食べて、カルシウムも摂りましょう。

1 大根、にんじん、里芋、しいたけ、こんにゃくをざるに入れ、熱湯にくぐらせて引き上げ、水気をきる。
● ごぼうは、湯通ししません。土の香りが、味に深みを出すいい働きをしてくれるからです。

2 1と同じ湯に豚肉をくぐらせ、霜降りにして水にとり、水気をきる。
● 豚肉は仕上げに加えます。根菜が柔らかくなるまで一緒に煮続けると肉がおいしくありません。

3 鍋に水と1、ごぼうを入れて中火にかけ、沸騰したらアクをすくい、少し火を弱める。
● クツクツと煮えるくらいの火加減で、根菜に火を入れていきます。

4 味噌を少量溶かし、味をなじませる。
● 味噌は2段階で加えます。ここでは少量加えて具に下味をつけます。

5 野菜が柔らかくなったら2の豚肉とねぎを入れる。
● ここで豚肉を加え、根菜の滋味あふれる汁となじませます。

6 残りの味噌を溶き入れ、椀に盛る。
● 残りの味噌を仕上げに加えて、香りや風合いを生かします。

春夏秋冬の〝だしがいらない〟味噌汁

春 まだ冬の名残がある季節。
春らしい苦みの食材や少し爽やかな食感を生かして仕立てます。

ふきと豚の味噌汁

ふきの香りと苦みが漂う、一品で栄養バランスもよい味噌汁。春の少し肌寒い日にもおすすめです。

材料(2人分)
豚ロース肉(3cm長さ)… 80g
ふき(水煮。斜め切り)… 30g
長ねぎ(1cm幅の小口切り)… 1/2本分
水 … 300mℓ
味噌 … 30g

1 豚肉は熱湯にくぐらせて霜降りにし、水にとって水気をきる。

2 鍋に水とふき、長ねぎを入れて火にかけ、沸いてきたら1の豚肉を入れ、味噌を溶き入れる。ひと煮立ちしたら椀に盛る。

キャベツと油揚げの味噌汁

定番の組み合わせですが、柔らかい春キャベツのシャキシャキ感を残して、さっぱりとした食べ口に。

材料(2人分)
キャベツ(一口大)… 2枚分
油揚げ … 1/2枚
長ねぎ(1cm幅の小口切り)… 1/4本分
水 … 300mℓ
味噌 … 20g

1 油揚げは縦半分に切ってから、5mm幅に切る。

2 鍋に水とキャベツを入れて火にかけ、火が通ったら1の油揚げを入れ、1分ほど煮る。

3 味噌を溶き入れ、仕上げに長ねぎを加え、ひと煮立ちしたら椀に盛る。

夏

暑くて食欲が落ちがちな季節。
たっぷりの野菜を具にして、ミネラルと塩分を補給しましょう。

焼きなすとみょうがとトマトの味噌汁

夏が旬のなすとみょうが、旨み成分たっぷりのトマトを組み合わせた煮もののようなひと椀。

材料(2人分)
なす … 1個
トマト … 1/2個
みょうが(縦半分に切る) … 1個分
大葉 … 2枚
水 … 300mℓ
味噌 … 20g

1 なすはグリルで全体を焼き、水にとって皮をむく。

2 トマトは皮を湯むきし、一口大に切る。

3 鍋に水と味噌、1のなす、2のトマト、みょうがを入れて火にかけ、ひと煮立ちしたら大葉を手でちぎって入れ、椀に盛る。

トマトとレタスの味噌汁

加熱したレタスの歯ざわりのよさがアクセント。
旨み豊かな豆乳で植物性たんぱく質も摂れます。

材料(2人分)
トマト … 小1個
レタス … 2枚
長ねぎ … 1/3本
A
　水 … 200mℓ
　豆乳(成分無調整) … 100mℓ
　味噌 … 20g
おろししょうが … 小さじ1

1 鍋にAを入れて味噌を溶き混ぜる。

2 トマトは皮を湯むきして4等分にし、レタスは手で大きめにちぎる。長ねぎは4cm長さの白髪ねぎにする。

3 1の鍋に2のレタスを入れて火にかけ、煮立ったらトマトを加えて火を止める。椀に盛り、おろししょうがと白髪ねぎをのせる。

秋

実りの秋。
寒い時季に向かうこの季節には、少し濃厚で脂のコクがある味噌汁がおすすめです。

焼き鶏とセロリ、ねぎの味噌汁

セロリは芹の仲間。香りのよさと加熱によって旨みに変わった苦みが、鶏を食べやすくしてくれます。

材料(2人分)
鶏もも肉 … 25g×8切れ
セロリ … 50g
長ねぎ … 1/3本
水 … 300mℓ
味噌 … 30g
粗びき黒こしょう … 適量

1 鶏肉はグリルでこんがりと焼いておく。

2 セロリは1cm幅に、長ねぎは斜め切りにする。

3 鍋に水と1の鶏肉、2のセロリと長ねぎを入れて火にかけ、煮立ったら火を弱めて味噌を溶き入れる。1分ほど煮たら椀に盛り、黒こしょうをふる。

焼き鮭ときのこの味噌汁

塩鮭の塩分とのバランスをとって、味噌は甘くて塩分濃度の低い京白味噌を。ぜひ一緒に味わってください。

材料(2人分)
甘塩鮭 … 1切れ
しめじ … 1/2パック
水 … 300mℓ
京白味噌 … 40g
三つ葉(3cm長さのざく切り) … 6本分

1 しめじは石づきを取り、小房に分けて熱湯にサッと通し、水気をきる(ほかのきのこでもよい)。

2 塩鮭をグリルで焼き、粗めにほぐしておく。

3 鍋に水と1のしめじ、2の焼き鮭を入れて中火にかけ、沸騰したら白味噌を溶き入れる。三つ葉を入れ、椀に盛る。

冬 寒い日が続き、温かい味噌汁がホッとする季節。
濃度のついた汁で、体が芯から温まります。

納豆と山芋の味噌汁

粘りのある納豆や山芋が入るだけでこっくりした冬らしい口当たりに。

材料(2人分)
納豆 … 50g
山芋(すりおろし) … 45mℓ
水 … 300mℓ
味噌 … 15〜20g
三つ葉(3cm長さのざく切り) … 3本分

1 納豆は包丁で軽く叩き、粘りと旨みを出す。

2 鍋に水と1を入れて弱火でゆっくりと加熱し、沸騰したら味噌を溶き入れる。

3 三つ葉を入れ、煮える直前に山芋を加え、椀に盛る。

さつま汁

具だくさんの汁を大きめのお椀にたっぷりと盛って、煮ものやおかず代わりに食べましょう。

材料(2〜3人分)
さつまいも(2cm厚さ) … 50g
大根(1cm厚さ) … 50g
にんじん(1cm厚さ) … 30g
ごぼう(小口切り) … 30g
豚ばら肉(3cm長さ) … 50g
水 … 500mℓ
味噌 … 35〜40g
わけぎ(3cm長さ) … 1本分

1 ざるにさつまいも、大根、にんじんを入れ、熱湯で2分ほどゆでて引き上げ、水気をきる。

2 1と同じ湯に豚肉をくぐらせ、霜降りにして水にとり、水気をきる。

3 鍋に水を入れ、1の野菜とごぼうを入れて火にかける。野菜が柔らかくなったら、2の豚肉を入れ、味噌を溶き入れる。仕上げにわけぎを入れて椀に盛る。

味を変える便利な作りおき

作っておくだけで、料理がグンとラクになる野﨑さんの3つのアイデアをご紹介します。

1
旨みが足りないとき、
だし汁が必要なときに
かつお節酒

材料
日本酒 … 200mℓ
炒ったかつお節 … 10g

清潔な瓶に材料を入れて、ひと晩以上浸ける。このかつお節酒15mℓと水200mℓを混ぜると、だし汁代わりに使える。お酒なので常温で1か月ほど保存できる。

2
田楽味噌やぬたを
簡単に作りたいときに
玉味噌

材料
信州味噌 … 100g
卵黄 … 1個
みりん … 15mℓ
砂糖 … 大さじ3

鍋に材料を入れてゴムベラで混ぜる。弱めの中火にかけ、ヘラで混ぜながら砂糖を溶かし、フツフツと沸いてから3分ほど練る。すくってたれなければ完成。常温まで冷ます。冷蔵庫で1か月ほど保存できる。

● 玉味噌に酢を混ぜたらぬたごろも、すった木の芽を混ぜたら田楽味噌に。また、ごま油を混ぜたらホイコーローの味噌だれにもなります！

3
料理のアクセントがほしいときや
野菜代わりに
合わせ薬味

材料
大葉(横にせん切り) … 10枚分
しょうが(みじん切り) … 60g
わけぎ(小口切り) … 6本分
貝割れ菜(2.5cm長さ) … 1パック分
みょうが(縦半分に切って小口切り)
　… 6個分

材料をたっぷりの冷水に5分さらし、水気をしっかりときる。保存するときは、ペーパータオルを敷いた容器に入れ、蓋をして冷蔵庫へ。3～5日保存できる。

● かつおのたたき(→p.48)に野菜代わりに添えたり、吸いものに入れたり、冷や奴、そば、うどん、味噌汁の薬味に。卵かけご飯にのせたると、立派な一品になります。

第2章

料理
これでよかったんだ！

「おいしさ」を作る要素には味、食感、香りがありますが、この「香り」こそがとても大切なのです。たとえば、鼻をつまんで食べるとぜんぜんおいしくないですよね。それと同じです。そして香りの高さを楽しむなら、作りたてにまさるものはありません。その点、ご家庭では作りたての最高においしい状態が食べられるのですから、ぜひ毎日の料理を楽しんで作ってください。

では、家庭でできることがどうして料理店ではできないのでしょうか。お客様にスムーズにお料理を出すために、あらかじめ仕込んでおく必要があるからです。第1章でお伝えしたように、料理店で昆布とかつお節でだし汁をとるのは、すぐに使えるよう仕込んでおくためです。さらに、だし汁8に対して醤油1、みりん1の割合で味つけしておけば、多くの料理に使える万能だしになるからです。

第2章では、料理を作って食べる楽しみを感じていただけるよう、料理のハードルが下がる方法や考え方をご紹介します。ここでも第1章と同じようにだしは使いません。皆さんに知っていただきたいのは、スーパーを我が家の冷蔵庫のようにして新鮮な素材を使うこと。その新鮮な素材に火を入れすぎないこと。いまの時代、スーパーに悪いものは売っていません。とくに魚は切り身魚も刺身も新鮮で、一尾魚をさばいてくれる店も多くありますから、ぜひ上手に活用してください。

ポイント 1

スーパーの食材は新鮮！

流通がよくなったいまの時代だからこそ、スーパーを活用してください。魚も肉も、いいものしか売っていません。しかも時間によっては少しお安く買えますね。とくに魚は新鮮なうちに調理しておくとよいので、残ったら塩をふって焼いて冷凍しておいたりすると、煮ものにも炊き込みご飯にも使えて便利ですよ。

ポイント 2

火を入れすぎない

魚や肉などのたんぱく質は、加熱すると60℃くらいから変性し、細胞が壊れて水分が出始めます。高温で加熱しすぎると水分が出てジューシーさが損なわれ、食感もかたくなります。そこで、でき上がり直前に加えたり、途中で取り出して仕上げに戻したりして、加熱しすぎないようにします。これが私のセオリーです。

まぐろは「赤身のさく」がいい。

まぐろでステーキ

皆さん、まぐろの赤身は、バターや油と合わせると良質な赤身肉のような味わいになること、知っていましたか？ ここでは料理名の通り、まぐろが牛肉のステーキのようになる料理をご紹介します。中まで火が入りすぎないように、かたまりのまま焼いて途中で取り出すのがポイントで、余熱でレアに仕上げます。まぐろの旨みとしっとりした舌ざわりを、ぜひ味わってください。

材料(2人分)
まぐろ赤身(刺身用さく)… 200g
にんにく(薄切り)… 1かけ分
バター … 30g
酒 … 50mℓ
醤油 … 15mℓ
大葉(せん切り)… 5枚分
塩 … 適量
小麦粉 … 少量
サラダ油 … 大さじ1
添え野菜(クレソン・ベビーリーフ)
　… 各適量

野﨑さんの知恵袋

まぐろの赤身はカロリーが低く、良質なたんぱく質が豊富に含まれています。スーパーでも手に入りやすく、とくに「さく」は価格が手ごろで使い勝手がよくおすすめです。

1 まぐろ赤身は全面に塩をふって20〜30分おく。水洗いしてペーパータオルで水気を拭き、刷毛で小麦粉を薄くまぶす。
● 刷毛を使うと余分な粉が払えて、しつこくなりません。刷毛はシリコン製を使うと洗うのがラク。

2 フライパンにサラダ油とにんにくを入れて火にかける。香りが出たら1のまぐろを入れる。
● ここではまぐろの表面にだけサッと火を入れるため、熱した油に入れます。

3 全面にうっすら焼き色がついたらペーパータオルで油を拭き取る。
● フライパンをペーパータオルで拭くことで、油や臭み、汚れなどが取れてすっきりした味に仕上がります。

4 バターを加え、半分くらい溶けたら酒を入れて沸かし、醤油も加える。
● バターが溶けきる前に酒を加えることで、焦げませんし、バターのいい風味も残ります。

5 ひと煮立ちしたらまぐろを取り出し、大葉を加えてソースを煮詰める。とろみがついて、色が濃くなってくる。
● まぐろは焼き続けると食感がボソボソしておいしくありません。いったん取り出して余熱で中まで火を入れます。

6 5のまぐろを戻し、全体にソースをからませる。切り分けて器に盛り、ソースをかけ、添え野菜を盛る。
● まぐろは余熱で中まで火が通っているので、仕上げに周りに味をからませるだけでいいですよ。

まぐろ2色かけご飯

刺身は温かいご飯で食べるのが一番おいしいんです。ここでは、醤油にからませて少し水分が抜け、味が締まったまぐろと、するすると喉ごしのよいオクラと長芋を合わせます。まぐろは2cm角に切ることで、食べやすく、しかも食べごたえが出ますよ。

材料(2人分)
まぐろ赤身(刺身用さく)… 160g
長芋(皮をむいて)… 100g
オクラ … 6本
温かいご飯 … 2杯分
醤油 … 適量
刻み海苔・わさび … 各適量

1 まぐろは2cm角の角切りにし、醤油をからませて5分ほどおく(a)。ざるに上げて汁気をきる。

2 オクラは熱湯でサッとゆでて縦半分に切り、スプーンで種を取り、包丁で細かく叩く。長芋はビニール袋に入れて麺棒などで叩く。

3 茶碗にご飯を盛って海苔を敷き、**1**のまぐろをのせ、**2**のオクラと長芋をかける。海苔、わさびをのせる。お好みで醤油をかける。

a まぐろは醤油に漬けすぎないこと！ 下味がつき、表面の水分が軽く抜ける5分程度がいい。

b 長芋は柔らかいので、叩くと自然に割れる。包丁で切るよりも味がからんでおいしい。

まぐろ織部ぬた

織部とは、主に緑の釉薬をかけた陶器の名前。緑色のソースをその色に見立て、しゃれた料理名にしました。ソースに酢を使うので、まぐろもサッと酢洗いして味がなじむようにします。酢に漬けすぎるとまぐろのたんぱく質が白く、かたくなるので気をつけましょう。

材料(2人分)
まぐろ赤身(刺身用さく)…100g
長芋(皮をむいて2cm長さの
　拍子木切り)…10切れ
塩・酢…各適量
グリーンソース
　わけぎ…15g
　玉味噌(→p.36)…30g
　酢…大さじ½
　溶きがらし…小さじ½

1 まぐろは全面に薄塩をして20〜30分おき、水洗いし、水気を拭く。作る直前に3cm幅×1.5cm厚さの角切りにし、酢に3分ほど浸し(a)、汁気を拭く。

2 グリーンソースを作る。わけぎをフードプロセッサーでペースト状にする。

3 小さい耐熱ボウルに酢を入れ、電子レンジに10秒かけて煮きる。冷まして玉味噌、溶きがらし、**2**のわけぎペーストを混ぜる。

4 器に**1**のまぐろ、長芋を盛り、**3**のグリーンソースをかける。

a まぐろは、うっすら白くなる程度に酢に漬けて、ソースと味がなじむようにする。

まぐろの生しょうゆ糀漬け

毎日の料理を楽しくするには、市販の調味料を活用するのもおすすめです。ここで使うのは「生しょうゆ糀」。まぐろを湯に通すひと手間で、簡単にプロのような一品になります。たっぷりの薬味と、ドレッシングの油代わりになるカシューナッツと一緒にどうぞ。

材料(2人分)
まぐろ赤身(刺身用さく)… 200g
生しょうゆ糀(市販) … 120g
ごま油 … 少量
合わせ薬味(→p.36) … 適量
カシューナッツ(細かく叩く) … 40g
● まぐろは刺身の残りを使ってもよいです。生しょうゆ糀の量を加減してください。

1 まぐろは一口大に切り、70℃の湯に10〜15秒くぐらせ、色が変わったら水にとり、水気を拭く。

2 生しょうゆ糀(a)とごま油を混ぜてバットに薄く敷く。1のまぐろを並べ、上からも塗り(b)、15分ほど漬ける。途中、ひっくり返す。

3 2のヅケを合わせ薬味とともに器に盛り、カシューナッツをふる。

a「生しょうゆ糀」はしょっぱすぎず、これだけで味つけが完成する。

b しょうゆ糀は、バットに薄く敷き、まぐろを並べ、上からも薄く塗ると少量ですむ。

まぐろねぎまぶし

生しょうゆ糀を使ったもう一品は、材料3つだけで作れます。ヅケにしたまぐろにたっぷりのねぎをまぶすだけ。酒の肴にも、ご飯のお供にしてもよいでしょう。ねぎの代わりに、サッとゆがいた三つ葉やみょうがのみじん切りでもおいしいです。

材料（2人分）
まぐろ赤身（刺身用さく）… 100g
生しょうゆ糀 … 50g
細ねぎ（細かい小口切り）… 5本分

1 まぐろは2cm角の角切りにし、生しょうゆ糀をからませて15分ほど漬ける(a)。
2 1のまぐろを漬け汁をきって別のボウルに入れ、全体に万能ねぎをまぶし、器に盛る。

a まぐろは塩や酢洗いなどせず、直接しょうゆ糀に漬けてOK！

かつおの本当においしい食べ方、教えます。

かつおのフライ

かつおもまぐろと同じように、油と合わせるとお肉のような濃厚な味わいになる魚です。ただ、火が入りすぎるとモソモソとした食感になります。ここではフライにして、表面を香ばしく揚げます。ころもによって、かつおには間接的に、やさしく火が入ってレアに仕上がり、またカリッとした食感が加わって食べ飽きません。揚げたてをすぐに食べるのがおいしい、家庭ならではの料理です。

材料（2人分）
かつお（刺身用さく。厚め）… 200g
塩・こしょう … 各少量
小麦粉・溶き卵・パン粉 … 各適量
揚げ油 … 適量
ベビーリーフ・溶きがらし … 各適量
和風フライソース（右下）… 適量

野﨑さんの知恵袋

まぐろや夏のぶりで作ってもおいしいです。夏のぶりはいわゆる"旬"ではなく、脂があまりのっていないので、さっぱりしていて油と相性よし。安く買えるのでぜひ活用なさってください。

1 かつおのさくは半分に切り分け、両面に薄塩とこしょうをふる。刷毛で小麦粉を薄くまぶす。
●中心に火が入りすぎないよう、厚めのかつおを使うのがコツ。

2 竹串を刺して、溶き卵をつけ、パン粉のバットに入れる。
●箸を使うと、つまんだ部分の卵やころもがはがれてしまいます。竹串を使うといいですよ。

3 ころものつけ終わり。
●パン粉を上からたっぷりとかけ、軽く押さえるとよいでしょう。

4 揚げ油を175〜180℃に熱し、3をころもがカリッとなるまで揚げる。
●パン粉はもともと火が入っているので、香ばしく色づけばOK。

5 引き上げて油をきる。切り分けてベビーリーフとともに器に盛り、溶きがらしと和風フライソースを添える。
●切り分けるときは、ころもがはがれないようにまず包丁の刃元（手前）をかつおに入れ、一気に切りましょう。

和風フライソースの作り方

小鍋におろし玉ねぎ50g、おろしにんにく2かけ分、醤油90mℓ、りんご酢（または穀物酢）40mℓ、みりん30mℓ、砂糖15gを入れて火にかけ、沸騰したら火を弱めて5分ほど加熱し、水溶き片栗粉適量でとろみをつける。保存は、冷蔵庫で2週間ほど。

フライパンでかつおのたたき

かつおのたたきは、炙らなくてはならないのでコンロが汚れるから作れない、と思っていませんか？
フライパンで焼けばいいんです。冷やさずに、熱いうちに切り分けてすぐに召し上がってください。
なめらかな食感や旨みが存分に味わえて、実においしいです。冷やすと風合いが損なわれますよ。
たっぷりの薬味と醤油マヨネーズで食べる、サラダ感覚の一品です。

材料(2〜3人分)
かつお(皮つきの刺身用さく)… 300g
合わせ薬味(→ p.36)… 適量
きゅうり … 1本
塩 … 適量
小麦粉・サラダ油 … 各適量
醤油マヨネーズ
| 醤油 … 30g
| マヨネーズ … 15g
| おろししょうが … 5g

野﨑さんの知恵袋

かつおの一番おいしい部位は、皮と身の間。ただ、普段、スーパーには皮つきで並んでいないので、あらかじめ「皮つき」を頼んでおくとよいでしょう。醤油マヨネーズよりもさっぱりと食べたいときは、58ページでご紹介した簡単ポン酢がおすすめです。ラー油はごま油に代えてください。

1 きゅうりは薄い小口切りにして2％塩水に浸け、水気を絞る。
○ 醤油マヨネーズで食べるので、さっぱりしたきゅうりで味のバランスをとります。

2 かつおは表面の水気を拭き、皮目に塩をふり、刷毛で小麦粉を薄くまぶす。
○ 小麦粉をまぶすことで、フライパンで焼いても表面が香ばしくなります。

3 フライパンに油を薄くひいて強火で熱し、2のかつおを皮目を下にして入れ焼き色をつける。
○ 皮と身の間のおいしい部分をしっかりと焼きたいので、まず最初に焼きます。

4 転がしながら焼き、途中、ペーパータオルでフライパンの余分な油を拭く。
○ 魚はとくに汚れが出やすく、焦げにもつながるのできれいに拭き取りましょう。

5 皮目以外は、全体に白くなるくらいに焼いたら焼き上がり。
○ 皮を焼いている間にも、余熱で中に火が入るので、周りはサッと焼けば大丈夫。

6 かつおが熱いうちに、皮目を下にして切り分け、器に盛る。合わせ薬味と1のきゅうりを盛り合わせ、醤油マヨネーズをかける。
○ しっかりと焼いた皮目を下にすることでスッと包丁が入り、スパッと切れます。

かつおのなまり節とかぶの煮もの

かつおのさくを買ってきたら、なまり節をまとめて作ってみませんか？ そのまま食べても、煮ものにしてもよし。塩をして蒸すだけで作れるので、刺身やたたきに使った残りのさくを、新鮮なうちになまり節にして保存するのもおすすめです。冷凍もできるので、毎日の食事作りがラクになります。

材料(2人分)
なまり節(作りやすい分量)
- かつお(さく)… お好みの量
- 塩 … 適量

かぶ(葉つき)… 2個
煮汁
- 水 … 400mℓ
- 酒 … 100mℓ
- うす口醤油 … 大さじ2弱
- 昆布 … 10cm角×1枚

柚子皮(せん切り)… 適量

野﨑さんの知恵袋

かぶの皮は筋が強いので、柔らかい実に残っていると食べたときに食感の違いが際立ち、おいしくありません。下の写真のように、筋の内側をむくようにします。かぶの皮は皮だけで使うとおいしいので、捨てずに味噌汁の実やきんぴら(→p.70)にするといいですよ。

1 なまり節を作る。かつおは50gずつに切り分ける。両面に塩をふり、30分おく。
● かつおは、皮つきでなくてもかまいません。少し厚めに切って、塩をふって、下味をつけます。

2 水洗いし、バットに並べて蒸し器で15分蒸したら、なまり節のでき上がり。
● 冷凍も可能。粗熱がとれたら1切れずつラップで巻いて冷凍庫に。煮ものに使うときは凍ったまま煮汁に入れます。

3 かぶは茎を4cm残して葉を切り落とし、実は厚めに皮をむいて4等分に切る。葉は3枚を5cm長さに切り、実と一緒に1分ゆで、水気をきる。
● かぶは火が入るのに少し時間がかかるので、下ゆでしておきます。

4 鍋に煮汁、2のなまり節2切れ、3のかぶの実を入れて火にかけ、沸騰したら弱火で10分煮て器に盛る。かぶの葉と柚子皮をのせる。
● おいしい煮汁もたっぷりと盛って、一緒に召し上がってください。

〈かつおのなまり節で一品〉
なまり節のきゅうり和え

材料(2人分)
- かつおのなまり節(上記)… 2切れ
- しょうが(せん切り)… 30g
- 大葉(せん切り)… 4枚分
- きゅうり(薄い小口切り)… 1本分
- 水・醤油・酢 … 各大さじ1
- 塩 … 適量

1 しょうがと大葉はサッと水にさらし、水気をきる。きゅうりは塩もみし、水洗いして水気をきる。

2 酢は小さい耐熱ボウルに入れて電子レンジに10秒かけて煮きり、冷ます。水、醤油を合わせて三杯酢を作る。

3 かつおのなまり節を粗めにほぐし、1、2と和え、器に盛る。

かつおと豆腐のサッと煮

かつおに塩をしておけば、水から火にかけて5分もかからず完成です。かつおからは動物性のイノシン酸、豆腐、しいたけ、ねぎからは植物性のグルタミン酸が出て、旨みの相乗効果で淡味の旨みを味わえます。かつおは厚めに切って、火が入りすぎないようにしましょう。

材料(2人分)
かつお… 40g×2切れ
豆腐(4等分)… 1/4丁分
しいたけ(軸を取る)… 2個
長ねぎ(4cm長さ)… 4切れ
ふき(水煮。4cm長さ)… 4切れ
煮汁 [15：1：0.5]
　水 … 300mℓ
　うす口醤油 … 20mℓ
　酒 … 10mℓ
　昆布 … 4cm角×1枚
塩 … 適量
しょうが(せん切り)… 適量

1 かつおは両面に塩をふり、30分おく。

2 長ねぎは側面に斜めに切り目を入れる。しいたけと一緒に熱湯にサッとくぐらせ、水気をきる。同じ湯で1のかつおを霜降りにして水にとって水気をきる(a)。

3 鍋に煮汁、豆腐、2のかつお、しいたけ、長ねぎを入れて火にかけ、煮立ったら火を弱めて2分煮る(b)。ふきを加えて1分煮て器に盛り、しょうがを添える。

a かつおはうっすら白くなるまで湯に通し、水にとって水気をきる。

b 鍋選びが最大のポイント。必ず、具が煮汁に浸るサイズの鍋を使う。

刺身パックで贅沢炊き込みご飯

いまは流通がよくなり、スーパーに悪いものは売っていません。とくに魚の鮮度のよさは昔とは比べ物になりません。夕方になってちょっと安くなった刺身パックも、ぜひ活用されるといいでしょう。ここでご紹介する炊き込みご飯は、魚を炊飯器に入れるタイミングがポイントで、それさえ守ればまるで料理店の〆のご飯のような味になります。茶碗によそったあと季節の香りのものをのせると、より上品な一品になりますよ。

海鮮ご飯

材料(2～4人分)
米 … 2合(300g)
炊き地 [10：1：1]
| 水 … 300ml
| うす口醤油 … 30ml
| 酒 … 30ml
刺身盛り合わせ … 適量
塩 … 適量
大葉(せん切り) … 2枚分
柚子皮(せん切り) … 適量

1 米は洗って水に15分浸し、ざるに上げて15分おく。

2 炊飯器に1の米と炊き地を入れ、<u>早炊きモード</u>(なければ普通モード)で炊く。

3 刺身に薄塩をふって15分おき、湯で霜降りにする。水にとって水気をきる(a・b)。

4 ご飯が炊き上がる5分前に、3の刺身をのせる。炊き上がったら大葉を散らして5分蒸らし、茶碗によそう。柚子皮を天に盛る。

● 途中で蓋が開けられない炊飯器の場合は、ご飯が炊き上がってから刺身と大葉を一緒に加えます。

a

b

ご飯が炊ける間に、刺身に塩をふって湯にくぐらせて霜降りにし、水にとって汚れを落としておく。

和食の肉料理の定義、知っていますか?

パリパリ焼き鶏

いまスーパーでは、鶏もも肉も鮮度のよいきれいなピンク色のものが売られています。こんな時代だからこそ、シンプルに塩、こしょうで焼いただけでおいしいんです。では、どうしてこれが「和食」と言えるか知っていますか? 答えは、お箸で食べられるよう、切り分けてあるからなんです。ぜひ知っておいてください。

材料(2人分)
鶏もも肉(皮つき)…1枚(250g)
塩・こしょう … 各少量
サラダ油 … 少量
レモン(くし形切り)… 2切れ
クレソン … 2本

野﨑さんの知恵袋

皮からじわじわと焼くのには、意味があります。肉の旨み、イノシン酸の素となる「ミオシン」という成分は40〜60℃の温度帯にできるので、肉にゆっくりと火が入るとそのぶん旨み成分が増えておいしくなるんです。特別な鶏肉でなくても極上の焼き鶏になりますよ。

1 鶏肉は両面に塩、こしょうをふり、フライパンにサラダ油をひき、鶏肉の皮を下にして入れ、火をつける。
○魚と違って、塩をふっておいておく必要はありません。

2 ときどきフライパンをゆすりながら焼く。途中、肉から出てきた脂やフライパンの焦げをペーパータオルで拭く。
○脂を拭き取りながら焼くことで、軽くて胃にもやさしい仕上がりになります。

3 7分ほど焼くと、厚みの半分くらいまで火が通って色が白く変わる。
○横から見ると、白く変わっているのがわかります。半分くらい白くなったらOK。

4 ひっくり返す。さらに出てきた脂を拭き取りながら5分ほど焼く。
○身の厚い部分に竹串を刺し、透明な汁が出てきたら焼き上がりです。

5 皮を下にして食べやすい大きさに切る。
○皮を下にすると、断面がスパッときれいに切り分けられます。

6 断面から肉汁がしたたり落ちるほどジューシーに焼き上がる。器に盛り、レモン、クレソンを添える。
○皿に出た肉汁はソースなので、つけながらいただきましょう。

鶏の照り焼き

甘辛いたれを鶏肉にからませた白いご飯が進む味つけで、これもお弁当のおかずによく合います（→ p.105）。皮をこんがりと焼き色がつくまで焼くと、香ばしさで味わい深くなります。鶏肉を途中で取り出すのもポイントです。こうすると鶏肉が柔らかく仕上がり、口の中で肉汁とたれがちょうどよいバランスになります。

材料(2人分)
鶏もも肉 … 大1枚(300g)
小麦粉 … 適量
長ねぎ(4cm長さ。斜めに切り目を入れる)
　… 1/2本分
しいたけ(軸を取る) … 2個
ししとう(包丁の先で切り込みを入れる)
　… 4本
サラダ油 … 大さじ2
甘辛だれ[5：3：1]
　みりん … 100ml
　酒 … 60ml
　醤油 … 20ml

野﨑さんの知恵袋

照り焼きにはたれの分量がある程度たっぷりと必要ですが、鶏肉を煮続けないよう、すぐに蒸発させたい。そこで甘辛だれの酒は多めにしています。ガス火で作る場合は注意が必要で、必ず深めのフライパンを使い、加えるときはいったん火を弱めてください。火がボッと上がるのを防ぎます。アルコールが飛んだら強火に戻します。

1 鶏肉は一口大(25gくらい)に切り分け、刷毛で小麦粉を薄くまぶす。
○ 小麦粉によって香ばしく焼けるとともに、たれに軽くとろみがついて鶏肉にからみやすくなります。

2 深めのフライパンにサラダ油を熱し、鶏肉を皮を下にして並べ、強火で焼く。
○ 鶏肉は皮側にしっかりと焼き色をつけて香ばしくします。

3 焼き色がついたら裏返し、長ねぎとしいたけを入れ、さらに焼く。
○ 1つのフライパンで作るため、肉を寄せて空いたスペースで長ねぎとしいたけを焼きます。

4 ペーパータオルで脂と焦げを拭き取り、甘辛だれの材料を入れる。
○ 強火で焼くとフライパンに焦げがつくことがあります。きれいに拭き取って上品な味に仕上げます。

5 軽く煮てたれをからめたら、いったん鶏肉を取り出す。
○ 鶏肉の表面に熱いたれをからませ、下味をつけながら余熱で火を入れます。

6 煮汁を煮詰め、泡が大きくなったら鶏肉を戻し入れ、ししとうを加え、味をからめたら器に盛る。
○ 鶏肉には表面にたれをからませるだけ。火を入れすぎないように。

80℃ゆで鶏

ポン酢が牛肉と合わないこと、知っていますか？　ポン酢は鶏肉と合うんです。ここではオレンジジュースで作るちょっと甘めの味でご紹介。鶏肉が水に浸かるサイズの鍋で、タイマーと温度計を使うと、鶏肉は間違いなく柔らかくジューシーにゆで上がります。

材料(作りやすい分量)
鶏もも肉 … 1枚(250g)
ラディッシュ(薄切り) … 1個分
細ねぎ(小口切り) … 15g
水 … 800mℓ
昆布 … 5cm角×1枚
簡単ポン酢
　醤油 … 40mℓ
　酢 … 40mℓ
　オレンジジュース
　　(果汁100%。みかんの搾り汁でも)
　　… 30mℓ
　ラー油 … 適量

1 鶏肉は、熱湯にくぐらせて霜降りにし、水にとって軽く洗い、水気をきる(a)。

2 鍋に1の鶏肉と水、昆布を入れて火にかけ、80℃くらいになったら、温度を保ちながら15分ゆでる(b)。火を止めてそのまま粗熱をとる。

3 酢は耐熱ボウルに入れて電子レンジに20秒ほどかけて煮きる。冷まし、簡単ポン酢の材料を合わせる。

4 2の粗熱がとれたら手で適当な大きさに裂き、ラディッシュ、細ねぎと一緒に器に盛る。ポン酢をかける。

a 鶏肉を湯にくぐらせてきれいにすることで、ゆで汁もスープに使える。

b 80℃の目安は、鍋底に気泡が出るくらい。気泡が沸き上がるようでは温度が高すぎる。

豚肉となすの韓国風

ごま油とにんにくが香る、韓国の味をイメージした炒めものです。炒めものといっても、豚肉を炒め続けるとかたくなっておいしくありません。野菜を炒めて火が通ったところで、サッと湯通し（霜降り）した豚肉と甘めの味噌だれをからませて仕上げましょう。

材料(2人分)
豚ばら肉 … 100g
なす(乱切り) … 1個分
ピーマン(長さを半分に切って
　2.5cm幅に切る) … 2個分
ごま油 … 大さじ2
味噌だれ
　信州味噌 … 30g
　砂糖 … 大さじ1
　酒 … 大さじ1
　おろしにんにく … 適量
赤唐辛子(小口切り) … 1本分

1 豚ばら肉は5cm長さに切り、熱湯にくぐらせて霜降りにし、水気をきる。

2 フライパンに、ごま油を熱してなすを入れ、焼き色がつくまで炒める。ピーマンを加える。

3 色が変わったら1の豚肉を戻し、味噌だれと赤唐辛子を加え、煮からめる(a)。

a 湯通しした豚肉は、炒め終わった野菜と一緒に味噌だれをからませる。

豚肉のしょうが焼き

これまでに、多くの豚肉のしょうが焼きをご紹介してきましたが、豚の旨みもしょうがの風合いも生かすにはどうすればよいかを考えて、たどり着いたのがこの方法です。肉は途中で取り出して火を入れすぎないようにして、しょうがを入れるのは最後。玉ねぎの甘みとちょっと甘めの味つけとが相まって、白いご飯が進む味わいです。お弁当のおかずにもよく合います（→ p.104）。

材料（2人分）
豚肉（こま切れなど）… 200g
玉ねぎ（1cm幅のくし形切り）… 100g
おろししょうが … 小さじ2
サラダ油 … 大さじ1
合わせ調味料［1：1：1］
  醤油 … 30ml
  みりん … 30ml
  酒 … 30ml
キャベツ（せん切り）… 適量

野崎さんの知恵袋

しょうが焼き用の立派なお肉でなくても、こま切れや切り落とし肉で充分においしく作れます。一口大に切り分けるので、お弁当のおかずとしても食べやすいですよ。

1 豚肉は一口大に切り、熱湯にサッとくぐらせて霜降りにし、水にとって水気をきる。
○豚肉を"お風呂に入れる"と、ぐっと上品ですっきりしたしょうが焼きになります。

2 フライパンにサラダ油を熱し、玉ねぎを入れ、透明になって軽く焼き色がつくまで焼く。
○玉ねぎに軽く焼き色をつけることで、味に深みが出ます。

3 1の豚肉を加え、合わせ調味料を入れる。
○軽く煮て、玉ねぎの香りと豚肉の旨みを合わせ調味料になじませます。

4 ひと煮立ちしたら豚肉をいったん取り出し、煮汁を煮詰める。
○豚肉に火が入りすぎないように取り出し、玉ねぎを煮て甘みを引き出します。

5 煮汁の泡が大きくなってきたら豚肉を戻し入れる。
○泡の大きさをよく観察してください。大きくなってきたらいい状態に煮詰まっています。

6 仕上げにしょうがを入れて全体を混ぜ、キャベツとともに器に盛る。
○しょうがは加熱し続けると、苦みが出ます。仕上げに加えて清々しい香りを生かしましょう。

豚肉のケチャップ煮

豚肉の部位は、ももでもロースでもかまいませんが、厚みがあるものを使うのがコツ。ゆっくりと火を入れることで、肉をやけどさせることなく、柔らかく、ジューシーに仕上がります。その方法として、煮汁でちょっと煮ては取り出し、余熱で中まで火を入れることをくり返し、仕上げに煮詰めた煮汁をからませます。ケチャップ味で、お弁当にもぴったりのおかずです。

材料(4人分)
豚肉(とんかつ用。1cm厚さ)
　…150g×2枚
煮汁
　｜水 … 80ml
　｜酒 … 80ml
　｜醤油 … 15ml
　｜砂糖 … 20g
　｜長ねぎの青い部分(あれば)…少量
トマトケチャップ … 20g
サラダ油 … 少量
合わせ薬味(→ p.36) … 適量
和がらし … 適量

野﨑さんの知恵袋

焼いた肉を作り方2で湯に浸けたので、驚いたでしょう。でもこれには理由があります。油脂があると、濃い味つけでないとおいしく感じません。私が肉を焼くときにフライパンの脂を拭いたり湯通ししたりするのは、健康や時代を考えて、薄味で上品に仕上げるためなんですよ。

1 フライパンにサラダ油を熱し、豚肉を焼く。両面とも薄く焼き色をつける。
● 柔らかく、ジューシーに煮上げるため、豚肉は厚めのものを使うのがポイント。

2 別の鍋に湯を沸かしておき、1の豚肉を熱湯にくぐらせ、脂と汚れを取る。
● サッと湯通しするくらいなら旨みは抜けませんから、安心してください。

3 フライパンをきれいにし、2の豚肉と煮汁の材料を入れ、中火にかける。沸騰したら火を弱め、1分ほど煮る。
● 煮汁を表面になじませながら、肉に余熱をもたせるのが目的です。

4 いったん肉を取り出す。1～2分たったらフライパンに戻して1～2分煮て、また取り出す。これを3回ほどくり返す。
● 取り出した肉には、余熱で中までじわじわと火が入っていきます。

5 肉を取り出して煮汁を煮詰め、濃度が濃くなって泡が大きくなってきたらケチャップを加える。
● 肉の旨みが出た煮汁を凝縮させたところにケチャップを入れます。

6 肉を戻し、煮汁をからめる。肉を切り分け、合わせ薬味とともに盛る。煮汁をかけ、和がらしを添える。
● 周りに煮汁をからませるだけ。中は白く、メリハリをつけます。

包丁で切らないほうがおいしい食材がある。

けんちん汁

豆腐は、ぜひ手でちぎって食べてみてください。表面積が広がって舌に当たる部分が増え、大豆の旨みが強く感じられます。包丁で切ると断面がつるっとして、味を感じにくくなります。けんちん汁はとくに、豆腐をちぎることで豆腐の旨みが汁に移りやすく、味に奥行きが出ておいしくなりますよ。

材料(4人分)
大根(5mm厚さのいちょう切り)…120g
にんじん
　(5mm厚さのいちょう切り)…60g
里芋(一口大)…80g
しいたけ(4等分)…4個分
ごぼう(たわしで洗って3mm幅の
　小口切り)…60g
こんにゃく(スプーンでちぎる)…120g
油揚げ(縦半分に切って
　1cm幅の短冊切り)…1枚分
長ねぎ(1cm幅の小口切り)…1本分
木綿豆腐…200g
煮汁
　| 水…1ℓ
　| 昆布…5cm角×1枚
　| 長ねぎの青い部分(あれば)…適量
うす口醤油…40～50mℓ
七味唐辛子…適量

こんにゃくは味がのりにくいので、包丁で切らずにスプーンでちぎり、表面積を広げる。

1 大根、にんじん、里芋、しいたけ、こんにゃくはざるに入れ、熱湯に20秒ほど通し、水気をきる。
● ごぼうは湯通ししません。土の味がおいしく、けんちん汁の味の底支えになります。

2 鍋に煮汁の材料、1の材料とごぼうを入れて火にかけ、ひと煮立ちしたら火を弱め、野菜が柔らかくなるまで煮る。
● ねぎの青い部分は、捨てずにとっておき、活用しましょう。汁に甘みが出ます。

3 ねぎの青い部分を取り出し、豆腐をちぎりながら加え、うす口醤油も少量加えて温める。
● 豆腐をちぎると表面積が増え、大豆の旨みが汁に移り、豆腐もまた汁になじみやすくなります。

4 仕上げに小口切りの長ねぎ、油揚げ、残りのうす口醤油を加えて火を通し、器に盛る。七味唐辛子をふる。
● 醤油は長く煮ると黒ずむので、2回に分けて加えます。

〈豆腐でもう一品〉
くずし奴

あられ切りの大根が、少量ながらその歯ごたえで全体にメリハリをつけて、豆腐の旨みを際立たせてくれます。

大根20gは5mm角に切り、わけぎ5cmは薄い小口切りにして水にさらし、水気を拭き取る。豆腐100gを手でくずし、大根とともに器に盛る。わけぎを天に盛り、醤油小さじ1弱、ごま油小さじ½をかける。

たたききゅうりキムチ風

きゅうりは柔らかく繊維も強くないので、叩くことで自然と亀裂が入る食材です。断面がギザギザになって味がからみやすくなるので、ここでは簡単和えものをご紹介します。きゅうりの爽やかさとキムチの旨みで、箸が進みます。

材料(作りやすい分量)
きゅうり … 1本
白菜キムチ … 50g
大根(皮をむいて) … 50g
長ねぎ … 1/2本
醤油 … 小さじ1
炒り白ごま … 大さじ1

1 きゅうりは5cm長さに切り、縦に四等分に切ってから布巾に包み、<u>麺棒などで叩く</u>(a)。

2 キムチは小さく刻み、大根は5cm長さのせん切りに、長ねぎは5cm長さの白髪ねぎにする。

3 1と2を合わせて醤油で和え、器に盛る。炒りごまをふる。

a きゅうりの表面積が広くなって、味がからみやすくなり、食感も柔らかくなる。

たたき長芋ご飯

長芋はシャキシャキとした食感が持ち味ですが、粘りがあるので包丁でスパッと切ると口の中ですべってしまいます。叩いて自然に亀裂を入れると、食感がさらによくなり、味も強く感じられておいしくなります。お好みで醤油を少したらしてもおいしいです。

材料(2人分)
長芋(皮をむいて) … 100g
塩昆布 … 10g
長ねぎ(小口切り) … 20g
卵黄 … 2個
温かいご飯 … 2杯分

1 長芋にポリ袋に入れて、麺棒などで叩き、細かくする(a)。

2 1と塩昆布、長ねぎを混ぜ、茶碗にご飯を盛って長芋をかけ、真ん中に卵黄を落とす。

a 均一に細かくするより、ある程度不揃いのほうが変化がついておいしい。

ゆでずに作れる野菜のおひたし。

ブロッコリーのおひたし

おひたしは、お湯でゆでて作りますね。でもゆでずに作れる方法があるんです。生のまま冷凍するんです。冷凍することで細胞がこわれて柔らかくなるので、解凍して水気をきればでき上がり。食べるぶんだけ解凍できるので、買ったら野菜の鮮度が落ちる前にまとめて冷凍しておくと便利です。ただしこれが可能なのは「アブラナ科」だけ。ほうれん草はエグみがあるのでゆでてください。

材料(作りやすい分量)　ブロッコリー…1株　醤油マヨネーズ(マヨネーズ2：醤油1で合わせる)…適量

1 ブロッコリーは小房に分け、よく洗って水気をきる。

2 ジッパー付き保存袋やポリ袋に入れ、できるだけ空気を抜きながら閉じる。

3 冷凍庫で凍らせ、食べるぶんだけざるに上げ、自然解凍する。水気を拭き、醤油マヨネーズをかける。

◆野菜は違っても、作り方は同じ

小松菜とじゃこのおひたし

小松菜は一年中出回り、比較的安価で、鉄分もカルシウムも豊富な緑黄色野菜。ちりめんじゃこを組み合わせてカルシウムをさらにプラスし、より健康的に。

材料と作り方
小松菜は洗い、根元を切り落として食べやすい長さに切る。水気を拭き、ポリ袋などに入れて、中の空気をできるだけ抜くようにして閉じ、冷凍する。食べるぶんだけをざるに上げ、自然解凍する。水気を拭き、ちりめんじゃこと醤油で和える。

チンゲン菜のおひたし

炒めものなどで余ったチンゲン菜があれば、ぜひ冷凍しておひたしに。ゆでるよりも味が濃厚になって、素材の味が感じられます。

材料と作り方
チンゲン菜は洗い、根元を切り落として食べやすい大きさに切る。水気を拭き、ポリ袋などに入れて、中の空気をできるだけ抜くようにして閉じ、冷凍する。食べるぶんだけざるに上げ、自然解凍する。水気を拭き、かつお節をのせ、醤油をかける。

ごぼうだけの地味なきんぴら。

ごぼうは繊維が強く、切り方によって食感も味わいも変わります。ここでは3通りの切り方で、シンプルな「きんぴらごぼう」をご紹介。ピーラーでささがきにすると、薄く表面積も広くなって、柔らかくなり、ごぼうの味が強く感じられます。せん切りにすると歯ごたえがしっかりとして、食べごたえが出ます。切るのがラクなのは、縦半分に切ってから斜め薄切りにする方法。程よくごぼうの味がして、心地よい歯ざわりも残ります。仕上げに霜降りにした豚肉や牛肉の薄切りを炒め合わせると、ごちそうきんぴらになります。

切り方が違うきんぴらごぼう3種

ささがき

〈ごぼうの下処理〉
ごぼうは皮の下に旨みが詰まっているので、たわしで表面をこすり洗いし、皮つきのままそれぞれ切り分ける。

◆ささがきにする場合
表面に何本か縦に切り目を入れ、ピーラーで削る。切り目を入れることで細いささがきができる。
◆せん切りにする場合
4cm長さに切り、繊維に沿って縦に薄切りにし、揃えてせん切りにする。
◆斜め薄切りにする場合
縦半分に切り、斜めに薄切りにして繊維を断ち切る。

せん切り

斜め薄切り

材料(1〜2人分)
ごぼう… 50g
ごま油… 大さじ1
長ねぎの青い部分(あれば)
　… 適量
合わせ調味料 [3：2：1]
　みりん… 15mℓ
　酒… 10mℓ
　うす口醤油… 5mℓ
　砂糖… 小さじ1〜2
　にんにく… 少量
炒り白ごま… 小さじ2

ごぼうの切り方3種(すべて50g)

斜め薄切り　ピーラーでささがき
せん切り

1 フライパンにごま油を熱し、ごぼうを入れて油をからませるように炒める。

2 ねぎの青い部分も入れ、ごぼうの香りが立ってきたらフライパンの真ん中を空けて合わせ調味料を入れる。

3 調味料をごぼうにからませる。仕上げに炒りごまをふり、全体を混ぜ、器に盛る。

豆乳とトマトジュースは〝だし〟です。

第1章では「だしのいらない」料理をご紹介しましたが、だしが必要な料理もあります。そんなとき、簡単にだしになるのが豆乳とトマトジュースです。どちらも植物性の旨み成分が濃厚で、むしろ濃厚すぎてそのままでは飽きてしまうので、水で薄めて使います。ここでご紹介するおでんは、〝煮込まないおでん〟。煮もの感覚でつゆと一緒に召し上がってください。

赤おでん

材料(2〜3人分)
大根 … 4cm
ちくわ … 2本
はんぺん … ½枚
さつま揚げ … 2枚
こんにゃく … 100g
卵 … 2個
長ねぎ … 1本
煮汁
| トマトジュース(無塩) … 200mℓ
| 水 … 400mℓ
| うす口醤油 … 30mℓ
| 酢 … 15mℓ
ブロッコリー … 100g
粗びき黒こしょう … 適量

白おでん

材料(2〜3人分)
たくあん(白いもの) … 10cm
ちくわ … 2本
はんぺん … ½枚
さつま揚げ … 2枚
こんにゃく … 100g
卵 … 2個
煮汁
| 豆乳(成分無調整) … 200mℓ
| 水 … 400mℓ
| うす口醤油 … 40mℓ
いんげん … 4本

〈下準備〉
◆「赤おでん」の大根は皮をむいて2cm厚さの半月切りにし、水から柔らかくなるまで下ゆでする。
◆「白おでん」のたくあんは2.5cm厚さに切り、水に浸けて下味が残る程度に塩抜きをする。
◆ ちくわは長さを半分にし、はんぺんは三角形に切る。さつま揚げとともにざるに入れ、熱湯にサッとくぐらせる。
◆ こんにゃくは両面に斜め格子状の切り目を入れ、食べやすい大きさに切り、水から2分ほどゆでる。
◆ 卵は水から火にかけ、沸騰してから5分ゆでる。水にとり、殻をむく。
◆「赤おでん」の長ねぎは5cm長さの筒切りにし、側面に4〜5か所、斜めに切り目を入れる。
◆「赤おでん」のブロッコリーは小房に分けて色よくゆでる。「白おでん」のいんげんもゆでる。

1 鍋に煮汁の材料を入れ、ブロッコリーといんげん以外の具材を加えて火にかける。
2 10分ほどかけてゆっくりと温め、ひと煮立ちしたらブロッコリーやいんげんを加える。食べるときに、「赤おでん」に黒こしょうをふる。

赤つけ麺

夏にぴったりの、さっぱりとしたつけ麺。暑い日にはできるだけ火を使いたくないものですが、このつゆなら材料を合わせるだけ。かくし味の豆板醤のほんのりとした辛みで食が進みます。キャベツも幅広に切って、よく噛んで食べましょう。

材料(2人分)
中華麺(生麺)…2玉
キャベツ…50g
ザーサイ(瓶詰)…30g
メンマ(瓶詰)…30g
長ねぎ(5cm長さ)…2切れ
トマトだれ
　トマトジュース(無塩)
　　…200mℓ
　水…100mℓ
　醤油…35mℓ
　ごま油…5mℓ
　豆板醤…小さじ1
粗びき黒こしょう…適量

1 キャベツはゆでて1cm幅に切る。ザーサイ、メンマも食べやすい大きさに切る。

2 長ねぎは5cm長さに切り、白髪ねぎにする。

3 中華麺をゆで、水にとって締め、水気をきる。

4 器に**3**の麺を盛り、**1**、**2**の具をのせ、黒こしょうをふる。トマトだれの材料を混ぜ合わせ、別の器に入れて添える。

豆乳ラーメン

豆乳は、さっぱりとしているようで非常に旨みが濃厚。植物性たんぱく質も豊富でローカロリーだから、スープを全部飲みほしてほしいラーメンです。豆乳のまろやかさに豆板醤の辛み、にんにくの香りが加わって、本格的な味わいです。

材料(2人分)
中華麺(生麺)… 2玉
ゆで卵 … 1個
メンマ(瓶詰)… 適量
わけぎ(または葉ねぎ)… 1本
桜海老(乾物)… 大さじ3
炒り白ごま … 大さじ2
豆乳スープ
　豆乳(成分無調整)…200㎖
　水 …200㎖
　うす口醤油… 25㎖
　豆板醤…小さじ½
　おろしにんにく…小さじ½
　ごま油 … 5㎖

1 鍋に豆乳スープの材料を入れて火にかけ、ひと煮立ちさせる。

2 ゆで卵は殻をむいて半分に切り、わけぎは斜め薄切りにする。

3 中華麺をゆで、湯をきる。

4 器に3の麺を盛り、熱い1のつゆを張る。2のゆで卵とわけぎ、メンマ、桜海老、炒りごまを散らす。

缶詰は下味のついた便利な食材です。

　缶詰は、しっかりと加熱されていて、それだけで食べられるように味つけも決まっている食材です。何かと便利なので買いおきしているご家庭も多いでしょう。また、災害に備えて買いおきしている場合は、定期的に新しいものに入れ替える必要があります。そんなときも、ぜひ作ってみてください。

牛肉大和煮缶でハヤシライス

醤油と砂糖の甘辛い味つけで牛肉を煮た「牛肉大和煮」缶を使った、簡単ハヤシライスをご紹介。切るのは玉ねぎとブロッコリーだけ。どことなく和っぽい味わいのする甘めのテイストはご飯にぴったりです。ホワイトソースは、小さなパウチを利用すると便利です。

材料(2人分)
牛肉大和煮缶 … 1缶(正味160g)
玉ねぎ(1cm幅に切る) … ½個分
ブロッコリー
　(小房に分けてゆでる) … 2〜4房
温かいご飯 … 2人分
サラダ油 … 大さじ1
ソース
　ホワイトソース(缶詰) … 50g
　ウスターソース … 大さじ2
　トマトケチャップ … 大さじ1½
　サラダ油 … 大さじ1

1 フライパンにサラダ油を熱し、玉ねぎを炒める。

2 玉ねぎがしんなりとしてきたら、牛肉大和煮缶を缶汁ごと加え(a)、煮こごり状の缶汁を溶かす。

3 ソースの材料も加えて混ぜ、沸いたら弱火にして4〜5分煮て温める(b)。器にご飯とともに盛り、ブロッコリーを添える。

a 玉ねぎのフレッシュ感が全体の味のアクセントになるので、炒めすぎなくて大丈夫。

b 缶詰は加熱されているので、肉の中まで温まって、軽く煮詰ればでき上がり。

ツナ缶で簡単きゅうりの副菜

ツナときゅうりは定番の組み合わせですが、ツナ缶はぜひ油漬けをオイルごと使ってください。ツナのなめらかな口当たりときゅうりのシャキシャキした歯ざわりのよさが心地よく、たっぷり食べられますよ。

材料(2人分)
ツナ缶(油漬け)…1缶(正味70g)
きゅうり…70g
長ねぎ…1本
大葉(せん切り)…2枚分
酢…大さじ1
うす口醤油…小さじ1
炒り白ごま…大さじ1

1 きゅうりは小口切りにする。長ねぎは2.5cm長さに切って白髪ねぎにする。大葉とともに水にさらし、水気をきる。

2 酢は小さい耐熱ボウルに入れて電子レンジに10秒かけ、煮きる。冷めたらうす口醤油を混ぜる。

3 ボウルに1、2、ツナ缶をオイルごと入れて和え、器に盛る。炒りごまをふる。

帆立缶とかぶの小鍋

帆立の水煮缶は、帆立を具にするだけでなく、煮汁も旨み豊かでおいしいので、そのまま鍋のつゆに活用します。そのためだし汁は不要で、調味料はうす口醤油だけ。かぶのほかに大根や冬瓜などで作ってもおいしいです。

材料(2人分)
帆立貝柱の水煮缶 … 2缶(正味130g)
かぶ(葉つき) … 2個
柚子こしょう … 適量
煮汁
　水 … 400mℓ
　うす口醤油 … 20mℓ
　酒 … 6mℓ

1 かぶは茎を少し残して葉を切り落とし、葉は4cm長さに切る。かぶの実は皮をむき、縦4等分に切る。実を70〜80℃の湯で5分ほどゆで、ざるに上げて水気をきる。葉はさっと湯通しする。

2 鍋に1のかぶの実と煮汁を入れて中火にかけ、煮立ったら帆立缶を缶汁ごと入れる(a)。かぶの葉を加え、再び煮立ったら器によそう。柚子こしょうを添える。

a 缶汁には帆立の旨み＝〝だし〟がたっぷりと詰まっているので、残らずつゆに使う。

便利グッズ、使えばよかったんだ！

いま、ご家庭で料理を作るのに便利な調理道具がたくさんあります。100円ショップや300円ショップにもたくさん売っています。プロの料理人なら、包丁で細かく揃ったみじん切りにしたり、糸のように細く切ったりする技が必要ですが、ご家庭なら簡単で時短になる道具をお使いになるのがおすすめです。

私も、自宅で撮影するようになってからは使うこともあって、何てラクなんだろう！と思っています。私が〝目からうろこが落ちた〞6つの道具をご紹介しましょう。

みじん切り器

中に材料を入れて蓋をしてひもを引っ張ると、中にある刃が回って、細かいみじん切りができます。写真は、玉ねぎ、油揚げ、しょうが。

ピーラー

にんじんやじゃがいもの皮をむくだけでなく、長芋やきゅうりなどを帯状に薄くスライスするときにも便利です。とくに長芋のように粘りがあってすべる材料には欠かせません。

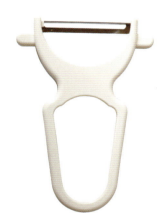

スライサー

刃の調整で、薄切りにもせん切りにもできる便利な道具。キャベツのせん切りなど、使いたいぶんだけすぐに作れます。使うときは、ビニール手袋をするなど、ケガをしないように注意。

動かないおろし器

大根おろしやしょうがのすりおろしに便利なおろし器。ごぼうなどのかたい食材をすりおろすときは、写真のようなシリコンなどで固定されて動かないものだと力が入れやすく速くおろせます。

味つけ卵メーカー

いま人気の味つけ卵。ゆで卵を入れて、漬け汁を注いで蓋をしたら、冷蔵庫に入れるだけ。少量の漬け汁で均一に漬かります。
- 漬け汁（水100mℓ、醤油25mℓ、みりん25mℓ、昆布3cm角1枚）を鍋でひと煮立ちさせ、冷ます。

スプレー

ほうれん草などのおひたしを食べるとき、醤油をかけすぎて塩辛くならないよう、スプレーでミスト状にしてかけると、全体にちょうどよく味がつきます。減塩にもなりますよ。

調理道具、これだけは必要です

料理をどんなに簡単に作ろうと思っても、必要な道具はあります。改めてここでおさらいして、この本でお教えしたことを最大限生かしてください！

フッ素樹脂加工のフライパン

〝テフロン加工のフライパン〟ともいわれます。いまはほとんどのご家庭にあると思いますが、やはり便利です。少量の油でも素材がくっつかず、焦げにくく、焦げてもペーパータオルで拭き取ればすぐにきれいになります。焼くだけでなく、煮汁の少ない煮ものなどを煮るときにも便利です。ちょうどよいサイズの蓋も揃えると使い道の幅が広がります。

鍋

和食はゆでる、煮る料理が多いので欠かせません。料理では、ちょうどよいサイズの鍋を選ぶことも大切です。レシピの分量で、時間も作り方もレシピ通りに作っておいしく仕上げるには、煮ものでは、材料がちょうど煮汁に浸かるサイズの鍋を選びます。大きすぎて材料が煮汁から半分上に出ていたり、小さすぎて煮汁があふれそうになったりするのはNGです。

ざるとボウル

私の料理で大切な方法の一つが、材料を湯通しすること。すでに8ページなどでお伝えしましたが、魚や肉はたんぱく質が変性してうっすら白くなるので〝霜降り〟といいます。湯通しして表面の汚れを落とすのが目的で、ざるに上げて水気をきるので、ざるとボウルは欠かせません。最低2つずつあると、料理に使うタイミングが違う野菜と肉を別々に水きりできます。

まな板と包丁

基本の〝き〟ですね。食材を切り分けるときに必要な道具です。プロの料理人は包丁が命で、高額なものを毎日研いで使いますが、ご家庭では高価でなくても、〝切れること〟が大事です。切れない包丁だと力が必要になったり、きれいに切り揃えるのがむずかしくなります。簡単に包丁が研げる道具もたくさん出ているので、定期的にお手入れしましょう。

第3章

食べ方

こうすればよかったんだ！

刺身は温かいご飯で食べるのがおいしい。

　魚の脂は少し溶けるとおいしさが増してきます。昔は生臭いものも売られていましたが、いまは鮮度がよいものばかりなので、温かいご飯で食べるのが一番おいしいです。
　もっとわかりやすい例があります。皆さんの大好きなすし。一般に、すし飯を作るときにはうちわであおいで冷ましますね。これ、ご家庭では必要ありません。すし店では大量のすし飯を作るので、風を当てて熱気を飛ばしますが、ご家庭で食べる量ならしゃもじで混ぜるだけで充分。また、すし店では注文が入ったらすぐににぎれるようにすし飯を仕込んでおき、冷めた状態で使いますが、ご家庭なら仕込む必要はないので温かいすし飯がおすすめです。手巻きずしのときも、まぐろの刺身を温かいご飯に巻いて、醤油をミスト状にかけて食べてみてください。ぐんとおいしくなりますよ。

天ぷらは、おかずにするなら塩より醤油で。

天ぷらの"ツウ"は塩で食べる、というのが何だか常識のようになっていますね。天ぷら専門店で、お酒と味わうならそれもよいのですが、ご家庭で、ご飯のおかずとして食べるなら、醤油のほうが合うと思っています。天つゆもご飯と食べるには少し味が薄いんですね。

しかし醤油は、かけすぎたりつけすぎたりする恐れがあります。塩辛くなって、旨みもつきすぎてしまうと素材の持ち味が生きないので、81ページでご紹介したように醤油をミスト状にして、うっすらと味つけするのがおすすめです。一度試してみてください。ご飯とよく合う味になります。おもてなしなら、醤油をかけて海苔で巻いて「磯辺巻き」にするのもいいでしょう。磯の香りをまとって、お酒にもよく合う味になります。

ステーキには、わさびよりもしょうがが合うんです。

和風ステーキ しょうが醤油添え

ステーキ専門店で薬味にわさびが出てくること、ありませんか？ でも牛肉の脂には、わさびよりも断然、しょうがが合うんです。あと口がさっぱりとして、肉の旨みも邪魔しません。しょうが醤油で一度試してみてください。柔らかく、きちんと火が入っていながらも半生に仕上げる焼き方もご紹介します。ご家庭では野菜もたっぷりと添えて召し上がってください。

材料(2人分)
牛ヒレ肉 … 160g
塩・こしょう … 各適量
サラダ油 … 適量
しょうが醤油
　醤油 … 大さじ2
　酒 … 大さじ1
　おろししょうが … 適量
和がらし・大根おろし・
　お好みの野菜 … 各適量

1 牛肉は焼く直前に塩、こしょうをふる。フライパンに薄くサラダ油をひいて熱し、ぬれ布巾の上に置いて少し冷まし、牛肉を入れ、中火にかける。
◉低温から、じわじわと時間をかけて温めて、肉がやけどしないようにします。これもフッ素樹脂加工のフライパンだからできるワザです。

2 うっすら焼き色がついたら火を少し弱めて、ゆっくりと火を通す。フライパンに出た余分な脂や汚れをペーパータオルで拭き取る。
◉ゆっくりとやさしく火を入れるのには理由があります。肉の旨み成分の素になる"ミオシン"が40〜60℃の温度帯をゆっくりと通過することで増えて、おいしくなるのです。

3 1分焼いたら裏返し、また1分焼いたら裏返す。これをくり返し、計5分ほど焼く。
◉焼くことで余熱を持つので、裏返してフライパンに当たっていた面が上になったときにじわじわとやさしく火が入っていきます。これをくり返して、中まで火を通すというわけです。

4 仕上げに強火にし、表面の水分を飛ばす。そぎ切りにして繊維を断ち切り、器に盛り、和がらし、大根おろし、野菜としょうが醤油を添える。
◉しょうが醤油は、あらかじめ醤油と酒を電子レンジに10秒かけてアルコール分を飛ばし、冷ましてから、食べる直前におろししょうがを入れましょう。

野﨑さんの知恵袋

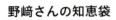

酒肴にするなら、焼いたステーキに溶きがらしをつけて海苔を巻くと、お酒にもよく合います。

僕の最高のごちそうは、とろとろの目玉焼き！

とろとろ目玉焼きご飯

僕が一番好きなのが、この目玉焼きご飯。とくに白身が大好きですが、カリカリとしたり、かたくなったりしてはダメ。表面がプルプルとしていて、しっとりと半生に焼き上がっていなくてはなりません。これをご飯にのせて醤油と薬味を混ぜて食べるのが僕の幸せな時間。ポイントは、魚焼きグリルで焼き上げること。黄身もうっすら白くなる程度にやさしく加熱します。

材料(1人分)
卵 … 1個
サラダ油 … 適量
温かいご飯 … 1杯分
長ねぎ(小口切り)・おろししょうが・
　醤油 … 各適量

1 フライパンにサラダ油をひいて火にかけて温め、いったん火を止める。卵を器にやさしく割り入れ、フライパンにそっと移して火をつける。白身が少し白くなったら、予熱しておいた魚焼きグリルに入れる。
● フライパンは取っ手が溶けないように金属製のものを使うか、ない場合はそのままコンロで蓋をして弱火にしてください。

2 魚焼きグリルの上火で表面を焼き、うっすら白くなったら取り出す。茶碗にご飯を盛り、目玉焼きをのせ、ねぎとしょうがをのせる。
● コンロで焼く場合は、白身が少し白くなったところで火を止め、蓋をしたまま2〜3分蒸らしてください。くれぐれも焼きすぎないように。

3 箸で卵黄の真ん中を刺して穴をあけ、そこに醤油をたらす。薬味とともに混ぜる。
● 醤油はお好みで量を加減してください。混ぜきってしまわず、むらがあるほうが食べるごとに違う味が楽しめます。

4 いただきます！

卵を使ってもう2品

100円卵どんぶり

卵は火を入れすぎるとかたくなって、持ち味の甘みが損なわれます。しっとり仕上げてこそおいしさが生きるので、卵にだし巻き玉子と同じぐらいの水分を混ぜ、軽く火が通ったら〝追い卵〟をして柔らかく仕上げます。原価100円で絶品どんぶりになりますよ。

材料(1人分)
全卵 … 2個
卵黄 … 1個
水 … 50mℓ
わけぎ(小口切り) … 1本分
うす口醤油 … 大さじ½
こしょう … 少量
サラダ油 … 大さじ1
温かいご飯 … 1杯分
粗びき黒こしょう
　… 適量

1 ボウルに全卵を割りほぐし、水とわけぎを混ぜ、うす口醤油とこしょうで味をととのえる。

2 フライパンに油をひいて火にかけ、**1**の卵液を入れる(a)。ゴムベラで手早く混ぜながら半熟状にしたところで、溶いた卵黄を加え、さらに混ぜてとろとろになる手前で仕上げる(b)。

3 どんぶり鉢に温かいご飯を盛り、**2**をのせる。黒こしょうをふる。

a フライパンが軽く温まったら卵液を入れる。ジュッと音が立つようだと温めすぎ。

b 卵液に火が通りきる前に〝追い卵〟をして、混ぜ合わせる。

巻かないほうれん草の玉子焼き

玉子焼きがうまく巻けません、という声を聞くことがあります。それならフライパンの上で巻かない方法があります。フライパンで卵に半分火を入れて巻きすで巻いて、電子レンジで仕上げる方法です。今回はほうれん草を芯にしましたが、ほかの野菜でも作れます。

材料(作りやすい分量)
卵 … 2個
ほうれん草 … 2株
うす口醤油 … 10mℓ
こしょう・サラダ油
　　… 各少量

1 ほうれん草を縦に持ち、茎を熱湯に20秒浸け、葉も浸けて20秒ゆで、水にとり、水気を絞る。根元を切り落とす。

2 ボウルに卵を割りほぐし、うす口醤油とこしょうを混ぜる。

3 フライパンにサラダ油を薄くひき、**2**の溶き卵を入れて半熟状のスクランブルエッグにする。ラップを敷いた巻きすに取り出し、7cm幅に広げる(a)。

4 真ん中に**1**のほうれん草をのせ、巻きすで巻く(b)。ラップの両端をねじり、再び巻きすで巻いて輪ゴムで固定し、電子レンジに30秒かける。取り出して30分ほどおき、2cm幅に切る。

a 半熟状で素早く巻きすに移すため、あらかじめ巻きすにラップを敷いておく。

b 巻いて丸く形を整えたら、電子レンジにかける。

寄せ鍋は3回に分けて食べる。

寄せ鍋

鍋の本当においしい食べ方、知っていますか？ 最初から具を全部入れて、グツグツ煮て食べる方が多いと思いますが、私の食べ方は、具を入れて、ちょうどよく煮えたら食べる。これをくり返します。こうすると具の持ち味が楽しめますよ。また寄せ鍋は何種類もの具を煮るので、煮汁にだし汁は必要ありません。だし汁を使うと旨みが強すぎて、具材のおいしさがわからなくなります。

材料(2人分)
はまぐり(砂抜きしたもの)…4個
金目鯛(切り身)…50g×4切れ
海老 … 4尾
白菜(そぎ切り)…大4枚分
長ねぎ(3〜4cm長さ)…4切れ
春菊 … 1/2束
しいたけ(軸を取る)…4個
豆腐(4等分)…1/2丁分
煮汁
　水 … 1ℓ
　うす口醤油 … 70mℓ
　みりん … 30mℓ
　昆布 … 10cm角×1枚
塩 … 適量

野﨑さんの知恵袋

煮汁には、魚介と野菜の旨みが出て、〝旨みの相乗効果〟でぐんとおいしくなります。焼いたキャベツを具にしてもおいしいです。煮汁が旨み豊かになるので、〆にうどんやご飯を入れて、残らず食べきってください。

1 金目鯛は塩をふって20分おき、80℃の湯にくぐらせて霜降りにし、水にとって水気をきる。
● 魚の煮ものと同様に下ごしらえをしておきます。

2 海老は尾の先を斜めに切り落とす。長ねぎの表面に斜めに3〜4か所切り目を入れる。具が準備できたら、大皿に盛る。
● 食卓に用意しておきましょう。

3 土鍋に煮汁の材料をすべて入れて、金目鯛、はまぐり、豆腐、しいたけ、長ねぎをそれぞれ分量の半量ずつ入れ、中火にかける。
● 1回目は、鍋の主役級の具を味わいます。金目鯛とはまぐりを煮ることで、煮汁に魚介の旨みも移ります。

4 軽く沸いた状態を保ち、はまぐりの口が開いたら器に具を取り分け、春菊の半量を煮汁にくぐらせてよそう。鍋の火を止める。
● 煮汁が沸いてくるとはまぐりのアクが出るので、取り除いてください。〆を止めて煮汁が煮詰まらないようにします。

5 食べ終えたら海老と白菜を半量ずつと、残りの長ねぎと豆腐を入れ、弱火で5分ほど煮て海老の色が赤く変わったら、すべての具を器に取り分ける。
● ここでも具を取り分けたら火を止めます。あわてず、会話をしながらおいしく召し上がってください。

6 食べ終えたら春菊以外の残りの具をすべて入れ、中火にかける。はまぐりの口が開いたら春菊を加え、しんなりしたら器に取り分ける。
● グツグツ煮込まないので、煮汁は最後までクリアですっきりとした味わいです。具を入れるごとに変化する味も楽しんでください。

すき焼きも3回に分けて食べる！

すき焼き

寄せ鍋だけではありません。すき焼きも3回に分けて食べます。肉を食べ終えたら野菜。これをくり返すことで、ごった煮にならずにそれぞれの素材の味が楽しめます。しかも野菜が箸休めになって、お互いをおいしく食べられます。急いで食べなくてもよいので、ゆっくりと食事が楽しめますよ。

材料(2人分)
牛肉… 200g
牛脂… 適量
ごぼう(ささがき→p.71)… 100g
玉ねぎ(1cm幅のくし形切り)… 1個分
しらたき(食べやすく切る)… 200g
春菊(食べやすく切る)… 1/2束
卵… 2個
砂糖… 大さじ3
割り醤油 [2：1]
│ 醤油… 40mℓ
│ 酒… 20mℓ
割り下 [1：1：1]
│ みりん… 50mℓ
│ 酒… 50mℓ
│ 醤油… 50mℓ

野﨑さんの知恵袋

肉が残ったら、翌日、玉ねぎとしらたきと一緒に割り下で煮て、卵も横で半熟に煮て、牛丼にするとよいですよ。

1 具材を大皿に盛る。
● 牛肉は、肉の旨み豊かな赤身を使ってください。焼いて味をからませるので、脂たっぷりの霜降り肉は向きません。

2 鉄鍋かフライパンを火にかけ、牛脂を全体になじませて火を止める。
● 牛脂が少し加わることで、まるで霜降り肉を使ったときのようなコクが全体につきます。

3 まず、牛肉の1/3量を広げて入れ、砂糖大さじ1をふって火をつける。
● すき焼きはもともと、熱い鋤の上で肉を焼いたことからその名がついています。〝煮る〟んじゃないんですよ。

4 割り醤油の1/3量をかけて焼く。肉に半分火が通ったら、器に卵を割りほぐし、つけて食べる。
● 砂糖をふって焼くので、甘くない割り醤油で味をつけます。

5 肉を食べ終えたらごぼう、玉ねぎ、しらたきを1/3量ずつ入れ、割り下の1/3量を入れ、軽く煮る。
● 野菜には甘みのある割り下を使います。

6 春菊の1/3量も加え、サッと煮て食べる。3〜6をくり返す。
● できれば、野菜を食べ終えるたびに鍋を洗うと、よりおいしく味わえます。フライパンを使うと手軽ですね。

のびても気にならない蕎麦の食べ方。

そば稲荷

「そばはのびるとまずくなる」わけですが、実は、のびてもおいしい食べ方があるんです。それが、そば稲荷やそばを海苔で巻いたそばずしです。そばは長いから〝のびた〟と感じるんです。短く切ってゆでたそばを食べるこの方法は理にかなっています。

材料(2人分)
そば(乾麺)… 80g
めんつゆ(市販)… 適量
油揚げのうま煮
　油揚げ… 2枚
　米のとぎ汁… 300mℓ
　煮汁
　　水… 100mℓ
　　みりん… 小さじ1
　　醤油… 小さじ½
　　うす口醤油… 小さじ1強
　　黒砂糖… 10g
トッピング… 適量

1 油揚げは米のとぎ汁で3分ほど煮て、水でもみ洗いして鍋に入れる。煮汁の材料を加え、落とし蓋をして火にかけ、煮汁がほとんどなくなったら火を止めて冷ます。半分に切って袋状に開く。

2 そばは3cm長さに切り、表示通りにゆでる(a)。水にとってもみ洗いし、水気をよくきって、めんつゆをからませる。

3 1の油揚げに2のそばをたっぷりと詰める(b)。トッピング(今回はさんまの蒲焼き、卵焼き、きゅうり)をのせ、上からめんつゆを少量かける。

a 短く切って、湯が沸き立った状態でゆでる。

b 油揚げのうま煮を裏返して、内側が外になるようにし、詰める。

第 **4** 章

お弁当

かんたんだったんだ！

おにぎり (→ p.102)

巻かない玉子焼き
(→ p.91)

きんぴらごぼう
(→ p.70)

ゆでブロッコリー

プチトマト

なまり節のきゅうり和え
(→ p.51)

きほんのおにぎり弁当

お弁当を作って、ランチに持っていく方も多いですよね。ここでは、この本でお教えした料理を活用したお弁当の例をご紹介します。

　まず、お弁当は「白いご飯を食べる」のがきほんです。そしてご飯が進む「主役のおかず」があって、そのほかに栄養バランスや彩りを考え、副菜や色みのものを一緒に詰めます。常備しておくと便利なのがごまや刻み海苔です。見た目や味のポイントが足りないときにご飯の上にふるだけで、白いご飯がいきなり手をかけたもののように見えますよ。これは普段の料理も同じで、おひたしや和えものなどでちょっと何か足りないなと思ったときに使うと、ぐっと和食らしくなります。

ポイント

三角おにぎり2個は、一つは大葉の醤油漬け（→ p.107）や海苔で巻いて、もう一つは黒ごまを散らして変化をつけます。主役のおかずには玉子焼きを。彩りのよい赤パプリカを入れて作ります。副菜のきんぴらごぼうは常備してあるものを詰めて、なまり節のきゅうり和えは汁が出やすいので小さなカップに入れます。そしてブロッコリーとプチトマトで野菜もプラス。

一日がラクになるご飯の使い分け

お弁当に欠かせないご飯は、朝まとめて一日分炊いて、3回に分けて食べると、朝晩のご飯作りがグンとラクになります。ポイントは、前日の夜に米を洗って、冷蔵庫に入れておくこと。この下準備ができていると、忙しい朝の負担が減るので続けられますよ。

1
前日の夜

米を洗う。2〜3回洗ったら15分水に浸けてざるに上げる。米のとぎ汁はうっすら白くてもかまわない。水気をきったら冷蔵庫に入れておく。

2
朝

炊飯器に1の米と、もとの米と同じ容量の水を入れる(写真は米2合の場合。米3合なら水も3合)。炊飯器の「早炊きモード」で炊く。

野﨑さんの知恵袋

お米を3合炊いたら、炊き上がりは960gになるので、320gずつ、3回に分けて食べるのがおすすめです。釜の一番上はご飯がかためなのですし飯にして夕食に、真ん中はちょうどよいのでおにぎりにして昼食のお弁当に、一番下は柔らかめなのでお茶碗によそって朝食に食べるのがおすすめ。

3
炊き上がり

◆ 朝食

⅓は朝食のご飯として食べる。具だくさんの味噌汁と作りおきしたおかずで。

◆ 昼食のお弁当

⅓は昼のお弁当に。弁当箱の中で蒸れないよう、大きめのバットに広げて粗熱をとる。おにぎりの場合、熱すぎてもにぎれず、冷めすぎても形が作れないので、ぬくもりが残っている程度にする。

◆ 夕食

⅓は夜のご飯用に冷蔵庫に。ときどきすし飯にすると変化がついてよい。

野﨑さんのおにぎり講座

皆さん、おにぎりを作るときに誤解していることがあります。おにぎりは「にぎらない」でください。おいしいおにぎりは米粒と米粒の間に空間があって、食べたときに、口の中でほぐれていくものですが、ぎゅーっとにぎると米粒がくっついてかたくなってしまいます。親指の腹と中指、その2か所を押さえて形を作る、これを意識しながら作ってみましょう。

1 炊きたてのご飯をバットに広げ、<u>粗熱をとる</u>。水100mlに塩10gを溶かして塩水を作る。
◦この塩水で手をぬらすことで、おにぎり全体に塩味がつきます。

2 塩水で手をぬらし、1個分80gの<u>ご飯を手のひらにのせて指を曲げ</u>、もう一方の手を三角にしてにぎる。
◦左写真の手の形がポイント！　よーく覚えておいてください。右手は三角形の形を作るサポートをするだけで、上から押し付けたりしないでください。

3 <u>親指の腹と曲げた中指で押さえる</u>イメージ。1回で三角形になる。
◦私が指さしているのが、親指の「腹」の部分ですよ。

4 120度回して、同様に親指の腹と中指だけで押さえる。これをもう1回くり返す。
◦こうすると空気が入ったまま軽くまとまってくれます。おにぎりはこれでいいんです。

5 残りのご飯も、2〜4をくり返してにぎる。

ご飯+刻み海苔

豚肉のしょうが焼き
(→ p.60)

クレソン

味つけ卵
(→ p.81)

豚のしょうが焼き弁当

主役のおかずは豚肉のしょうが焼き。ご飯が進む味で、玉ねぎも一緒に食べられます。そこに完全栄養食品の卵をプラス。作りおきの味つけ卵でもゆで卵でもOK。フレッシュなクレソンを箸休めと彩りに盛り込みます。庭で摘んだ大葉などを入れてもよいでしょう。

ご飯＋黒ごま

鶏の照り焼き
(→ p.56)

鶏の照り焼き弁当

ご飯と具だくさんのおかずだけ、これなら簡単で作れそうと思う方も多いでしょう。照り焼きはしっかりと火が入っているので、お弁当のおかずにしても安心です。野菜やしいたけもたっぷり使っているので、味も彩りも栄養のバランスもよいです。

魚介のポトフ
(→ p.12)

あったかスープジャー弁当

寒い季節はとくに温かい汁ものが嬉しいですね。人気の〝スープジャー〟弁当は、朝、具を煮てスープジャーに詰めて持って行くだけなので、簡単で、余熱でも具に火が入ります。これにおにぎりかパンをプラスするだけで、大満足のランチになります。

お弁当にも便利、香り野菜の醬油漬け

庭で大量に採れる大葉や梅などをおいしいうちに加工しようと思い、作っているのが醬油漬け。刻んでおにぎりの具やご飯の常備菜になるだけでなく、漬けた醬油がおいしい調味料になるんです。炒めものの味つけもこれだけで決まり、刺身醬油にしてもおいしいです。冷蔵庫で半年以上もつので、新鮮なうちに仕込んでおきましょう。少量から試せるよう、ジッパー付き保存袋で作る方法をご紹介しますが、清潔な瓶で多めに仕込んでもよいでしょう。

大葉の醬油漬け

材料
洗った大葉や穂じそ … 適量
醬油 … 大葉が浸る量
ジッパー付き保存袋 … 1枚

1 大葉をジッパー付き保存袋に入れ、醬油を注ぐ。

2 保存袋の上から軽くもんで、冷蔵庫に5日〜1週間入れる。

3 醬油に漬かって、大葉が柔らかくなっている。

4 醬油だけを鍋に移し、火にかけて沸かして殺菌する。完全に冷まして大葉の袋に戻す。冷蔵庫で保存する。

最後にもう一度、大切なことをおさらいしましょう

1
まず、スーパーに
悪いものは売っていない

いまの時代、スーパーの魚も肉も野菜もとても鮮度がいい。それなのに流通や冷蔵技術が未発達だった数十年前と同じレシピで料理を作るのはおかしいですよね？

いまは〝鮮度〟を食べる時代。新鮮だから火を入れすぎず、調味料も少なくていい。だしも不要。素材の〝固有名詞〟の味を楽しみましょう。そのための具体策を2～5で説き明かします。

2
魚には塩をする
（＝〝味の道〟を作る）

ご家庭だからこそ、やっていただきたいコツです。ミクロの世界をイメージしてください。魚に塩をふると浸透圧で小さい穴があいて塩が中に入ると同時に、中から余分な水分が出て、〝味の道〟ができます。道ができているから、火を入れたときに煮汁や調味料と素材とが行き来できて、調味料が少なくてすむんです。塩をふることが減塩にもつながります。

3
素材を〝風呂〟に入れて
汚れを落とす

素材本来の味を楽しむのに欠かせないコツです。野菜やきのこにはそれぞれクセがあり、肉や魚のような動物性たんぱく質の食材には、たとえ新鮮でもどうしても汚れがあります。そこで軽く湯に通してすっきり清潔にしてから、煮たり炒めたりすると、断然おいしくなります。私たちもお風呂に入るとすっきりきれいになりますね。それと同じです。

この本でお教えした料理のコツは、どんな料理にも応用できます。
大切なことなので、最後にもう一度おさらいします。ぜひ覚えて、毎日の料理に役立ててください。

4

火を入れすぎるから
まずくなる

動物性たんぱく質の肉や魚は、60℃以上で加熱すると次第に細胞がこわれ、水分が出てかたくなります。同時に旨みも出てしまいます。昔は衛生面から中までしっかりと火を通しましたが、新鮮な素材が手に入るいまは「火を入れすぎない」ことが可能になりました。ぶり大根も、軽く火を通したぶりを大根が煮えたところで戻し、最後にサッと加熱して仕上げます。

5

煮るとき、
ゆでるときは80℃

ゆで鶏を作るとき、〝ゆでる〟といっても煮立たせません。動物性たんぱく質は65〜80℃くらいのときに一番旨みが出るからです。ポコッと気泡が出るか出ないかくらいの沸き加減で15〜20分キープするだけ。クリアなスープがとれ、鶏自体もおいしく食べられます。最近は100円ショップでも温度計が売られているので、ぜひキッチンに備えてください。

6

ご飯は炊飯器の
〝早炊きモード〟で炊く

ご飯は〝乾物〟ですから、洗って吸水させてから炊きましょう。しかしそこに落とし穴があります。炊飯器の普通モードには浸水させる時間も入っているので、べちゃっと柔らかいご飯に炊き上がります。そのため、浸水時間がプログラミングされていない〝早炊きモード〟を使っていただきたいのです。浸水時間を入れても時間が短くてすみます。

本当の贅沢って何でしょう？

僕は、福島県の古殿町で生まれ育ちました。実家の前は田んぼで、すぐ近くの畑ではたくさんの野菜が採れました。新米はごちそうでしたし、採れたての食材で母が作った料理が食卓に並び、そのおいしさをいまでも覚えています。そして上京してしばらくたつと、モノを買うのが贅沢という時代が来ました。近所の野菜よりも、遠くから取り寄せたブランド野菜がいい、手作りよりも買ったものが上という時代が長かったように思います。でも次第に地産地消が見直され、いままた、裏の畑で採れたばかりの野菜をすぐに食べることこそ、贅沢な時代になっています。

私は自宅で小さいながらも畑を耕し、裏の小さなスペースで香り野菜を育てています。それを採っては何を作ろうか？ 何にできるかな？ と思いながら料理をすることもあります。都会のマンション暮らしでもベランダでハーブを育てたり、畑を借りたりして野菜を育てている方が増えています。その尊さに気づいてほしいと思います。

自分で料理を作って食べる。その基本的なことをもう一度見直しましょう。お米を食べることを原点に、和食は私たちの国の料理です。簡単にできるのですから、ぜひ作って、日々の暮らしを豊かにしてください。そう願って、この本を作りました。

2025年2月　和食料理人・野﨑洋光

111

野﨑洋光（のざき・ひろみつ）
和食料理人。1953年、福島県古殿町生まれ。武蔵野栄養専門学校を卒業した栄養士でもある。「東京グランドホテル」「八芳園」などを経て、南麻布「分とく山」総料理長を務め、2023年末に勇退。従来の考え方にとらわれず、時代に合わせた自分の料理哲学を、やわらかな語り口でやさしく説き明かす稀有な料理人として、テレビや雑誌などで人気。

撮影　ローラン麻奈
写真　南雲保夫（p.94〜95）
デザイン　縄田智子（L'espace）
スタイリング　岡田万喜代
撮影協力　宮田直美、宇田川朋美
DTP製作　株式会社明昌堂
校正　株式会社円水社
編集　原田敬子

一流シェフの 簡単でおいしい料理の教科書
野﨑洋光 和食、これでよかったんだ！

発行日　2025年3月10日　初版第1刷発行

著　者　野﨑洋光
発行者　岸 達朗
発　行　株式会社世界文化社
　　　　〒102-8187
　　　　東京都千代田区九段北4-2-29
　　　　電話　03-3262-5118（編集部）
　　　　　　　03-3262-5115（販売部）
印刷・製本　株式会社リーブルテック

©Hiromitsu Nozaki, 2025. Printed in Japan
ISBN 978-4-418-25303-6

落丁・乱丁のある場合はお取り替えいたします。
定価はカバーに表示してあります。
無断転載・複写（コピー、スキャン、デジタル化等）を禁じます。
本書を代行業者等の第三者に依頼して複製する行為は、
たとえ個人や家庭内での利用であっても認められていません。

本書の内容に関するお問い合わせは、
以下の問い合わせフォームにお寄せください。
https://x.gd/ydsUz